湛庐CHEERS

与最聪明的人共同进化

HERE COMES EVERYBODY

LEADERS
领导力之父
沃伦·本尼斯
组织发展理论先驱

LEADERS 从第二次世界大战走出的领导力大师

> 沃伦·本尼斯从不自吹自擂，却已经领先一步。
>
> ——现代管理学之父 彼得·德鲁克

1925年，本尼斯出生在美国新泽西州的一个犹太家庭。他在1943年参军，奔赴第二次世界大战战场。战争给了本尼斯一份厚礼，让他在19岁时就有机会成为领导者——步兵中尉，后因作战英勇而成为整个欧洲战区最年轻的军官，并荣获至高荣誉紫心勋章和铜星勋章。

与很多管理学者不同，本尼斯的很多研究和洞见都源于他的个人经历。战后，本尼斯进入安迪亚克学院深造，深受导师——XY理论创始人道格拉斯·麦格雷戈（Douglas McGregor）的影响。后来，他追随麦格雷戈来到麻省理工学院，成为经济学泰斗保罗·萨缪尔森的学生。

1971年，本尼斯担任辛辛那提大学校长，将多年从事的领导力研究付诸实践，率领他的团队力挽狂澜，拯救了这所正面临财政危机的大学。此外，他曾担任麻省理工学院组织研究系主任，哈佛大学肯尼迪政府学院公共领导力中心顾问委员会主席，哈佛商学院波士顿校区的托马斯·墨菲杰出研究学者，南加州大学工商管理学院杰出教授、领导力学院创始人兼主席等职务，还荣膺四任美国总统的顾问团成员，多家《财富》500强企业的顾问。

在管理学界，本尼斯是首屈一指的领导力大师和先驱人物。他是欧洲最伟大的管理思想大师查尔斯·汉迪的老师。《福布斯》杂志称他是“领导学大师们的院长”，可见其地位与声誉。本尼斯曾对美国各行各业的90位领导者做过一次著名的领导力研究。这些人物包括第一位踏上月球的宇航员尼尔·阿姆斯特朗、洛杉矶公羊队主教练、管弦乐团指挥、麦当劳创始人雷·克洛克等。“他们有些是右脑型人物，有些是左脑型人物，他们有高有矮，有胖有瘦；有的伶牙俐齿，有的不善言辞；有的过分自信，有的畏手畏脚……”本尼斯说。这些人之间的共同点是，他们都表现出了“对当前混乱状态的控制能力”。也就是说，领导力是无所不包的，所有人都能拥有它。

在20世纪80年代之前，领导力主题曾长期遭到忽视，没有人认为值得为它展开严肃的学术研究，正是本尼斯卓越的贡献，才使它重获生机。从那时起，本尼斯认为，“领导学已经成为了一个重要的研究领域，对其发展的关注和兴趣不再仅限于美国，成了真正的全球现象。”

两度斩获麦肯锡奖的 LEADERS 领导力开创者

> 世界上有“团队”也有“伟大的团队”。本尼斯可以为您带来希望。
>
> ——欧洲最伟大的管理思想大师 查尔斯·汉迪

本尼斯爱读莎士比亚，称每次重读都会有不同的收获。莎翁在剧作《皆大欢喜》中，将人生分为七大阶段。本尼斯认为领导者的一生也可以分为七个阶段，而且和莎翁的描述异曲同工，它们是：嗷嗷待哺的婴儿、满面红光的学童、哀事的恋人、长胡子的士兵、身经百战的将军、戴眼镜的政治家和返璞归真的贤者。本尼斯说：“领导者每进入一个新境界，都意味着新的危机和挑战。蜕变过程痛苦无比，如能做好准备，便可安然渡劫。”

本尼斯是现代管理思想家的卓越代表，在管理特别是领导力的研究和咨询上建树颇丰，有多部著作荣获蜚声国际管理界的“麦肯锡最佳管理书籍奖”，被誉为“领导力大师”。

40 年间，他一共撰写和编辑了近 30 本专著、1 500 多篇文章，发表研究论文上百篇。最负盛名的著作有《领导者》《成为领导者》《七个天才团队的故事》《经营梦想》等，其中《领导者》《成为领导者》已被译成 20 多种语言在全球出版。

大师虽已仙逝，但他深邃的领导力思想将一直在管理界回响……

On Becoming a Leader

沃伦·本尼斯 经典四部曲·02

成为领导者

「纪念版」

[美] 沃伦·本尼斯（Warren Bennis）
徐中 姜文波 ◎译

主编的话

杨斌 教授
清华经管领导力研究中心主任

开设 leadership 类的课程伊始，我就打定主意，认真地称呼它作“领导之道”。倒不是为了简单地省“力”求异，而是包含些许自己的念想在里头。

一是想突出 TO BE（是）与 TO DO（做）的不同。听者习者，是想有些即刻好用的法子、技艺，能够克敌制胜，佳绩可期。送他们来念课参训的法人、大人们，也有不少抱有希望收获回去更趁手的兵器。这都再正当不过了。“力”掌握于个体，服务于集体，可以度量，可以培养，可以作价，可收可发。但正当，不代表正确。那些后缀着“ship”的名堂，常常因为它忘怀了知识（K），超越了技能（S），融进了品性（A）。你所变成的，你所就是的，于他人可以发见、欣赏，但却不那么容易迁移，或迁移成了却了无生意。“成为领导者”，“作为领导者”，与“具备领导力”“谙熟领导学”不同。其不同，我想先从不用“力”做起。

二是想坦陈“坐而论道”的局限，为师的难。看成是本事，提高得靠实践、历练；看成是心性，则需要更长时间的积淀，抑或机缘遭逢的悟到、绽放。而写出来，讲出来，lost in words，几乎是一定的。开个诗歌课是个多难的事儿呢？诗歌鉴赏课上的七嘴八舌，或读几句就走心呆坐，但还没有逼到要叫人“写出诗句”或“活出诗意”。所以，要认命。也就是自说自话的说道（也最好还别布道），不敢轻易说有多少科学，但经过了组织与梳理，遵从逻辑，有所体系，不怕人说是 well organized common sense（精装常识）——这年头常识常遭忽视。总有“听者有心”并愿意起而行之，反求诸己，自我修炼，把看到听到的“常识道”，与本身的使命、本心化成，内化调制为自己的“非常道”。谁之功？回首向来萧瑟处，百姓皆谓我自然。

再说千遍又何妨？领导这个词，在这里，在我所选的这些书里，不是职位，不是功绩，不是命令链条，不是炫目浩荡。它是一个或是一些人，让人更是人，让组织更向上，让社会更向前，让这些变化更有机地发生的实践。

为什么用卓越？讨论领导，常用的是有效，充满着还原论的机械；说伟大，又太多 Kitsch 表达。卓越各不同，横看成岭侧成峰。如果说领导像爱情一样，是世界上最容易观察到的却又最不容易理解的现象的话，卓越则更是多维多样，甚至，很多时候领导者之卓越、之所以卓越，与你“纯朴真挚、劝人向善”的意识形态存在矛盾。所以，我特意编选的这个“卓越领导之道”书系中的书，都有些思想上的耐人寻味，而不怎么是用力地鼓吹感召，都有些无心栽柳的边缘意识，却正合了这不确定时代的道道。

希望你通过阅读而享受思考，通过领导而获得解放。

经营梦想，引领变革

——领导的真谛

徐中博士
清华经管领导力中心研究员
领越®领导力高级认证导师
学堂在线“中国创业学院”频道主任

人类进入 21 世纪，创新和全球化加速了各领域的变革。在中国，变革的速度、广度、深度和力度前所未有，领导力的重要性和紧迫性与日俱增。

2016 年 5 月 30 日，华为总裁任正非在全国科技创新大会上说：“从科技的角度来看，未来二三十年人类社会会演变成一个智能社会，其深度和广度我们还想象不到……华为正在本行业逐步攻入无人区，处在无人领航，无既定规则，无人跟随的困境。华为跟着人跑的‘机会主义’高速度，会逐步慢下来，创立引导理论的责任已经到来。”

在波士顿的哈佛商学院，领导变革权威约翰·科特（John P. Kotter）教授在最新出版的《变革加速器》（*Accelerate: Building Strategic Agility for a Faster-Moving World*）中指出：我们正在穿越一条边界，进入一个充满难以预测的混乱和指数级变化的世界，我们对此尚未做好准备。

展望未来30年，中国将从长期的跟随，迈向局部的超越、全球的引领。任正非的观点代表了一批有远见的领导者对未来的思考，我们必须前瞻未来、面向世界，加速培养一大批根植中国、放眼全球、知行合一、使命必达的领导者。

湛庐文化本次集结领导力大师沃伦·本尼斯最有代表性的四部著作《领导者》《成为领导者》《七个天才团队的故事》《经营梦想》重新出版，对于我们了解近代西方领导力思想、认识现代组织的领导力真谛，迎接当下和未来的领导力挑战，具有重要的意义。

我第一次了解本尼斯是在2003年，当时阅读了清华大学杨斌教授翻译的本尼斯的大作《极客与怪杰》（*Geeks and Geezers*），对书名、研究方法，以及“熔炉”“赤子态”“适应能力”等新概念深感好奇。此后，陆续阅读了《领导者》《成为领导者》等多部著作，也在多个国际领导力论坛上听到众多学者对本尼斯的赞美和思想的引用，让我的领导力研究和教学受益匪浅。

在领导力研究领域，沃伦·本尼斯被誉为“领导力之父”“领导学大师们的院长”，他先后担任过四任美国总统（约翰·肯尼迪、杰拉尔德·福特、林登·约翰逊、罗纳德·里根）的顾问团成员，众多《财富》500强公司的顾问、董事，星巴克董事长霍华德·舒尔茨称其为导师。2000年5月，《金融时报》称本尼斯为“将领导力确立为受人尊敬的学术领域的教授”。2007年，《商业周刊》将本尼斯评为十大最有影响力的思想领袖之一。

哈佛商学院教授、《真诚领导力》（*Authentic Leadership*）作者比尔·乔治（Bill George）称颂本尼斯：

> 如果说彼得·德鲁克是“管理学之父”，沃伦·本尼斯就是“领导力之父”。沃伦·本尼斯第一个提出，领导力不是一系列天生的特质，而是持续一生的自我探索的结果。这个自我探索的过程让人们成为更完整、更圆满的人，成为对自我有清晰觉察，并能激发他人最佳潜能的人。

本尼斯的一生，既是对领导力学术探索的一生，更是对领导力实践追寻的一生。1944年，19岁的他成为第二次世界大战欧洲战区最年轻的步兵指挥官，战争的“熔炉”锤炼了他，开启了他探索领导力的独特视角。退役后，他先后在安迪亚克学院和麻省理工学院学习经济学、心理学和商业。20世纪60年代，他在麻省理工学院研究群体行为之时，就已经预言并促进组织勇往直前地迈向更少等级、更加民主和更有适应能力的新组织。1967年，他先是辞去了在麻省理工学院轻松且回报颇丰的教职，到崭露头角的纽约州立大学布法罗分校担任了4年的教务长，1971—1978年，出任辛辛那提大学的校长。之后，本尼斯在南加州大学沉下心来深入研究和思考当代领导力的挑战与出路，撰写了《领导者》《成为领导者》等20多部著作，开创了领导力研究的新时代。

在本尼斯看来，领导力与情境、追随者、任务密切相关，必须与时俱进。关于领导力的概念，据统计有850多个。对此，本尼斯打了一个比方：**在某种程度上，领导力就像美，很难定义它，但当你看到它时，你就知道那是美。**

为帮助读者更好地了解和理解本系列图书的要点，在此对四部著作做一个简要介绍：

1.《领导者》论及的是“领导者是什么人”。本尼斯团队耗时两年采访了90位领导者，其中60位是成功的CEO，另有30位则是公共服务领域的杰出领导者。其主要结论是：

◆ 领导者有四大共同的主题策略：策略一，通过愿景唤起专注；策略二，通过沟通赋予意义；策略三，通过定位赢得信任；策略四，通过自重实现自我成长。

◆ “领导”与“管理”是两个不同但互补的概念，“管理者是把事做对的人，领导者是做对的事的人”，“管理”意味着“带动、实现、负责、指挥”；而“领导”是“影响、指引方向、过程、行动、提出意见”，领导意味着有效的愿景和决断，管理意味着熟练的日常业务运营。

2.《成为领导者》是本尼斯最重要的一部著作，以宏大的美国历史画卷探讨了领导力的作用、形成与挑战，通过对数十位领导者的深入访谈与研究，讨论了领导力的方法论：人们怎样成为领导者，他们怎样领导，以及组织是怎样鼓励或者限制有潜力的领导者。

◆《成为领导者》是基于这样一个假定：领导者是那些能够充分表现自我的人。他们知道自己是什么人，知道自己的优点和缺点是什么，知道该怎样去充分利用自己的优点、弥补自己的缺点。他们还知道自己想要的是什么、为什么有这样的目标，以及如何通过有效地沟通共同的目标赢得他人的合作与支持。他们知道该怎样去实现目标。充分表现自我的关键是了解自我和外在的世界，而了解的关键是学习——从自己的人生和经历中学习。

- 新经济是靠智力资本推动的，这也将是 21 世纪经济的特征。一家公司最重要的资产是办公楼、厂房和设备的时代已经一去不复返了。今天，创意是全球经济的发动机和货币。对领导者以及想要成为领导者的人们来说，新经济的真谛在于其力量源自创意而非职位。

- 领导者们都认为领导力不是天生的，而是后天造就的，而且更多的是靠他们自身的努力而非任何外在的途径。其次，他们都认为，没有哪个领导者原本就打算成为一个领导者，确切地说，他们是想充分自由地表现自我。换句话说，领导者没有兴趣向他人证明自己，他们始终关心的是表现自己。这一至关重要的差别是一个“熔炉”，决定了一个人是“被驱策”还是“主动领导”。在整个人生中，他们都在不断地成长和发展自我。

- 领导的六个基本要素：第一，指引性的愿景（guiding vision）；第二，激情（passion）；第三，正直诚实（integrity）；第四，信任（trust）；第五，好奇心（curiosity）；第六，勇气（daring）。

- 领导者的七个主要品质：专业能力、概念能力、业绩表现、人际能力、鉴赏力、决断力和品格（character）。在未来的世界中，卓越领导者的核心软技能是：人际能力、鉴赏力、决断力和品格，以及适应能力（adaptive capacity），适应能力让领导者能够迅速、聪明地应对持续不断的变化。

- 真正的领导者不是天生的，而是后天造就的，并且通常是自我造就的。领导者创造自己（leaders invent themselves）。领导者创造自己的方式就是培养自己的品格和愿景。

- 人人都有领导力，但并不是人人都会成为领导者。

3.《七个天才团队的故事》研究了美国历史上七个具有持久影响力的团队：迪士尼电影公司、施乐公司的帕洛阿尔托研究中心的伟大团队、苹果公司团队、克林顿竞选团队、“臭鼬计划”与隐性飞机团队、黑山学院、“曼哈顿计划”团队，总结出了伟大团队的 15 条经验。这本书对于从事颠覆式技术创新的创业团队尤有启发。

- 全球最大的猎头公司光辉国际（Korn Ferry）及《经济学人》杂志最近对一些跨国公司高管所做的研究证实了我们的理论：未来的机构将领导团队来管理。
- 伟大的领导者和追随者总是致力于富有创造性的合作。一个有天赋的人就能够解决我们所有问题的时代早已一去不复返。如今我们面对的问题来得太快，也太复杂，以至于要解决它们，我们需要优秀的领导者甚至是领导团队率领下的人才群体。
- 要领导一个优秀的团队，领导者不必具备团队成员具备的所有技能。他必须具备的是愿景、感召他人的能力以及正直。
- 伟大团队是完全投入到惊心动魄的探索过程中的组织，充满活力与创意，成员多姿多彩、才华洋溢，并在极高的风险和时间压力下工作。
- 伟大团队很少有士气问题。成员大都自动自发，陶醉在解决问题的喜悦中。全体的注意力集中于一个伟大的计划，对于一般环境下所产生的困扰全无知觉。
- 金钱不重要，职业生涯也无所谓，项目重于一切。这不是一份工作，而是一项使命，由眼中闪烁着火花的一群人执行。
- 领导一群天才，领导者首先要赢得相当的尊敬；让天才认为他说的话有价值，因为天才总是可以有其他的选择；还要能激发彼此信任，并值得大家信任；同时要谦恭殷勤——虽然彬彬有礼并非伟大团队的特点，但想要带领伟大团队的人必须具备这个特质。

4.《经营梦想》是本尼斯 30 年研究精选，汇集了他全部领导力论著的精华，书中的每一页都闪耀着他的才华和智慧。他认为，通过拥抱和“经营”一个真实的梦想，领导者就真正地肩负起塑造未来的责任。

- 本书重点探讨的就是领导者与其梦想的关系，以及他的组织与其梦想的关系。深入探讨领导者如何推动领导和管理变革。
- 第三部分专注于品格和道德。对那些留下了真正遗产的领导者们来说，品格和道德是最宝贵的优点。每一个组织都怂恿其领导者专注于眼前的当务之急，而代价就是忽视那些决定我们所有人生活质量的大问题。
- 事实上，领导者就是那个未来梦想的化身。一个梦想就是一张路线图。它告诉我们怎样前往与命运碰头的约会地点；梦想就是一系列富有想象力的假设，摸索着走向存在于我们意识深处的栩栩如生的理想境界。

本尼斯的领导力思想、理论与实践具有广阔的历史视野、精微的人文情怀、如炬的全球前瞻，希望从推荐序的点滴光辉映射出大师的卓然风采。

就在本书系即将付印之际，2016 年 9 月 10 日上午，具有开创性意义的跨文化全球领导力项目，旨在培养具有全球视野、致力于推动人类文明进步的未来领导者——清华大学苏世民学者项目举行了开学典礼，迎接首届入学的来自 31 个国家的 110 名苏世民书院的学生。中国国家主席习近平和美国总统奥巴马分别发来贺信，表达对首届学生的祝贺与期待。由此可以看出，领导力教育已经成为中国高校教育改革的重要方向，逐渐迈进青少年教育的核心区域。

彼得·德鲁克说：领导者的首要任务是定义使命。使命即是初心。学习与发展领导力，我们需要时常问问自己：我的初心是什么？

最后，感谢湛庐文化董事长韩焱女士、高级副总裁张晓卿女士、总编辑董寰女士的信任，让我领衔重新审校和翻译这四本书，特别是因为连续创业的原因，一再延误书的出版，使得自己一直惴惴不安、深感愧疚。

感谢第一版的译者姜文波，感谢赵岑博士、徐琨女士百忙之中重译《领导者》，感谢胡金枫女士在翻译过程中的参与和支持。感谢我的太太佛影女士长期以来的包容和支持，她总是为一些精彩的翻译手动点赞，给我莫大的鼓舞。

由于译者水平所限，不当之处，敬请指正！

共勉。

想知道更多本尼斯的领导力智慧吗？
扫码下载“湛庐阅读”App
搜索“成为领导者”
听清华大学领导力专家徐中为你解读。

ON
BECOMING
A
LEADER

目录

理解领导力

真正的领导者不是天生的，而是后天造就的，并且通常是自我造就的。领导者用培养品格和愿景的方式创造自己。一个人天赋的充分施展和投入，可以确保他成为原创作品而不是一件复制品。所以，要成为领导者，你必须要成为你自己，成为自己人生的创造者。

认识自我

了解自己意味着把“你是什么人和你想成为什么人”与“世人认为你是什么人和希望你成为什么人”区分开来。自我认知和自我造就都是一生的过程。除了你自己，没有人能够教会你怎样变成你自己、怎样负起责任、怎样表现自己。

ON
BECOMING
A
LEADER
修订版序言（2003）

新时代“熔炉”造就新一代领导者

这篇序言是当今世界的一个速描。1989 年，在《成为领导者》首次出版之前，我为它撰写第一版序言的时候，世界正处于重大变革的边缘。很少有人预见到柏林墙将在那一年的 11 月轰然倒塌，伴随着摇滚乐欢快的喧闹声，德国终结了自第二次世界大战结束以来的分裂局面。但是，当本书在那一年初出版时，德国还是分裂的，苏联还是完整的，美国的老布什总统还在任。在离柏林不远的地方，是相对平静、统一的南斯拉夫。受种族隔离制度迫害的纳尔逊·曼德拉还是南非一所监狱里的囚犯，后来他被人们拥戴为“非洲的乔治·华盛顿”。当时，接触互联网的用户只有 400 余人，他们在少数大学和政府机构工作；即使最乐观的预言家也无法预见，互联网会彻底改变一切，无论是全球经济还是恐怖分子策划袭击的方式。1989 年，美国人已经用上了无绳电话和录像机，但手机和 DVD 还仅仅存在于人们的想象之中。

转眼13年过去，时间到了2002年。当我在马萨诸塞州的坎布里奇市撰写这一版时，人们正沉浸在美国是否应该出兵伊拉克的争论之中。

前总统吉米·卡特在2002年赢得了诺贝尔和平奖，数日之后，朝鲜宣布终于拥有核武器。自从20世纪60年代冷战高潮时期以来，核武器的阴影再次笼罩全球，那时，美国的孩子们都知道如何在苏联的核武器攻击时躲避和逃生。当我在写作本书第一版序言的时候，美国正处于1987年10月股市暴跌的时刻。从那以后，美国经历了一个史无前例的繁荣时期，就在最近，才出现了最严重的衰退，绝大多数50岁以下的人都见证了这一点。1989年，民主党人渴望重返白宫，把希望寄托在阿肯色州年轻的州长比尔·克林顿身上，克林顿担任两届总统，差点因为与白宫实习生的“性丑闻”事件被弹劾下台。第43任总统乔治·布什在他2000年的选举中获得的选票低于阿尔·戈尔，但最后仰仗最高法院的裁决，布什因获得的选举人票数略多而当选，这在美国历史上是第一次。

多亏杰出的技术和想象力，人类基因已经解码，大脑的秘密正在以前所未有的速度被揭开。尽管艾滋病比自中世纪黑死病以来的其他疾病都严重，已造成数百万撒哈拉沙漠以南的非洲人失去生命，并在亚洲快速传播，但如今在美国，即便得了艾滋病也不一定会死亡。

本书第1章敦促读者要“驾驭环境”，这比以往任何时候都更加重要，也更加困难。在很多方面，一切都不同于1989年了。实际上，在1999年出版的畅销书《世界是平的:“凌志汽车”和“橄榄树”的视角》（*The Lexus and the Olive Tree*）中，普利策奖获得者、新闻记者托马斯·弗里德曼（Thomas L. Friedman）就这样写道:“这个世界刚满10岁。”

新经济的真谛在于其力量源自创意而不是职位

要说自20世纪90年代以来世界是如何改变的，互联网提供了最生动的例子。早在1989年，最早接触互联网的400名使用者预测它会给人们的沟通方式带来革命性的改变，但即使是他们，也万万没想到今天互联网会如此深入到全世界人们的工作与生活中。在我写这篇序言的时候，全世界范围内的互联网用户已超过5.8亿，互联网的使用率每隔100天就翻一番。所以即使柏林墙没有在1989年11月9日倒塌，全世界的人们通过电子媒介有效沟通的能力，也会推倒所有把国家隔离开来的墙。

自1989年以来，技术已经做到了意识形态无法做到的事，建立了一个靠线缆连接的全球社会。互联网让革命的少数派能够与外界联系，甚至在他们被围困的时候，例如，几年前发生在墨西哥南部恰帕斯的农民起义事件[①]。尽管技术已经推动了全球的思想交流，让这个世界变得更小了，但它却未能让世界变得更加安宁。到上一次我去做心脏检查时为止，这个世界大约有40个国家仍被25宗边界争端所分裂。因此，如今的我们生活在这样一个世界，任何地方的人都可以通过卫星电视观看一名妇女因通奸罪被乱石砸死的情景。

这个世界也经历了重大的经济转型。中国已经接受了创业精神和其他的经济形式。欧盟曾经被看作是乌托邦式的空想，如今却变成了现

① 在20世纪末，墨西哥政府在新自由主义经济改革的过程中，为了实现土地私有化，为了鼓励外国在农业部门投资，向村社土地所有制开刀，通过了新的土地法，允许村社农民出售村社土地，允许私人公司购买村社土地。这样一来，直接影响到了恰帕斯印第安农民的生活，触发了1994年恰帕斯州的农民起义。——编者注

实——它已经淘汰了法郎和德国马克，取而代之的是欧元。在最近十几年里，美国的新经济经历了从形成到激增，最后彻底崩溃。20 世纪 90 年代，似乎每一位聪明的年轻人都创办了自己的电子商务公司，甚至在产品还没上市或者没有赚到利润之前就看到了其股票价格的暴涨。既然这种经济几乎完全是基于预期的，互联网泡沫的最终破灭也就一点儿都不意外了。但是，尽管纳斯达克的处境惨淡，新经济仍然生机勃勃。

新经济是靠智力资本推动的，这也将是 21 世纪经济的特征。一家企业最重要的资产是办公楼、厂房和设备的时代已经一去不复返了。如今，创意是全球经济的发动机和流通媒介。**对领导者以及想要成为领导者的人们来说，新经济的真谛在于其力量源自创意而不是职位。**现在，商业媒体充满了这样的故事：看到自己养老金账户上的余额每个季度都在缩水，沮丧的员工们已经放弃了提早退休的梦想。在 2002 年后半年，员工们很高兴能有一份工作，并且都在尽其所能地保住自己的饭碗。但是这种情形将发生改变。而当情况发生改变时，希望组织取得成功的领导者将必须再一次奖励甚至纵容那些拥有最佳创意的员工。经济不景气的时期，二流的领导者可以不顾后果、不受惩罚地运用手中的权力。经济繁荣的时期将再次到来，而到了那时，能够幸存下来并取得成功的领导者，将不会视员工为机器，而会视他们为可贵的同事与合作者。

领导者的现状堪忧

就像新经济的潮起潮落一样，最高领导者也是如此。20 世纪 90 年代，一个真正可怕的趋势是名人 CEO 的出现。克莱斯勒汽车公司的李·艾柯卡（Lee Iacocca）可能是第一位像电影明星或摇滚明星一样为人们所熟知的现代商业领导者。美国人一贯倾向于把组织看作伟大人物拉长了的影子——这种倾向几乎可以把像约翰·亚当斯这样真正看重协作的领导者逼疯；而且，我们还一直倾向于不顾其实际贡献，过分褒奖那种有魅力的领导者。在 20 世纪的最后几年里，这种趋势已经彻底失控了。

企业领导者名实不符的首要指标就是高级管理者们的薪酬。没有人指望成功的企业家或勤勉的领导者甘守清贫，但在 20 世纪 90 年代，高级管理者的薪酬已经失控了。在 1970 年的美国，一个首席执行官的薪酬是普通员工的 44 倍。到了 2000 年，根据美国劳工联合会－产业工会联合会（AFL-CIO）的报告，普通首席执行官的薪酬已经是普通员工工资的 300 余倍。《商业周刊》（*Business Week*）在 2002 年报道说，美国收入最高的高管群体的中等年薪是 1 100 万美元，而全美中等收入群体年薪仅为 3 万美元左右。

这种不平衡带来的最令人不安之处在于，它凸显了贫富两个群体之间危险且日益拉大的差距：一边是 1% 的人口控制着 50% 的财富，而另一边却是正在消失的中产阶级以及日益壮大、没有希望和健康保险的社会底层。中产阶级的崛起曾经象征着 20 世纪后半叶伟大的经济成功。那些已经渐渐相信忠诚和勤奋会带来保障和舒适生活的人们，是构成中产阶级的主体；事实很可能会证明，这个中产阶级的消失将是新世纪最有影响的经济事件。而且，除非当前这种财富越来越向少数人手里集中的趋势被逆转，否则它就真的可能成为一个非常残酷的故事。

当首席执行官们开始变得越来越像沙皇时，他们应该知道，自己最终会遭到报应。但是，很多人非但没有收敛，反而变本加厉。2001 年和 2002 年，在一系列涉及会计违规、非法借贷和内线交易的商业丑闻当中，很多原本雄心勃勃的企业一个接一个地倒闭了。这些被钉到耻辱柱上的企业包括：安然（Enron）、世通公司（WorldCom）、阿德菲亚通信公司（Adelphia Communications）、环球电讯（Global Crossing）和因姆克隆（ImClone Systems），他们的一些高层管理者受到了起诉，锒铛入狱。

在这些事件当中，最令人震惊的也许是一直前途堪忧的家政女神玛莎·斯图尔特（Martha Stewart）。因姆克隆公司寄予了很高期望的抗癌新药将不会获得美国食品药品监督管理局（FDA）的批准，而就在这一结果即将宣布之前，玛莎根据内部消息提早抛售了自己手中该公司的所有股票，她也因此受到了刑事检控。一些人幸灾乐祸地期待着她身败名裂，他们拿她的单人牢房和带有监狱条纹的壁纸开玩笑；这显然是把自己的快乐建立在他人的痛苦之上。

哲学家拉尔夫·沃尔多·爱默生常常这样问候自己久别重逢的朋友："自我们上次相见以来，有什么模糊的事情变得更清晰了吗？"对我来说，变得比以往任何时候都更清晰的事情就是：**正直是一个领导者最重要的品质，他必须要准备好去再三证明自己的正直。**有太多的领导者忘记了他们是受监督的，随时可能被叫去接受质询，这其中不仅包括企业的负责人，也包括教会管理者，以及无数其他领域中的领导者。他们忘记了，有些事情合法但并不意味着是正确的；他们还忘记了，公众给予他们的，公众也可以拿回去。不信你去问问玛莎·斯图尔特。

这些公司丑闻已经对股市产生了破坏性的影响。在有关安然和其他骗子公司的头条新闻被人们遗忘之后，这种负面影响却会持续相当长的时间。不负责任的高管自己拿着一大笔解雇费走人了，而他们的行为却糟蹋了数以万亿美元计的财富。美国企业界的污点是如此显眼，以至于英特尔公司的前首席执行官安迪·格鲁夫（Andy Grove）宣称：“这些日子里，我耻于自己是美国企业界的一分子。”

ON BECOMING A LEADER 领导力箴言

正直是一个领导者最重要的品质。作为一个领导者，他必须要准备好去再三证明自己的正直。

这会让如今的领导者们处于何种境地呢？对于近来的混乱，一个可能的结果是高管的薪酬最终将变得更加适度，尽管首席执行官们的年薪仍然可能比普通员工一生赚到的钱还多。因为员工们现在都是股东——这在很大程度上得归功于那些缩水的养老金账户，所以，他们将来很可能会要求领导者拿出更真实的绩效，并为此付给他们不那么奢侈的薪酬。非营利组织以及其他大型组织的负责人可能会拿到更少的薪水，并受到更多的监督。那也许是一件好事。我们所知的有关创造力的一切都在暗示，金钱更多的是创造性工作的障碍而非激励因素。获取适度薪酬的领导者，可能会更在乎工作本身的内在回报。而且，他们更有可能承认自己的职责具有道德要素，就像增长的利润数字一样重要。

世界越混乱，越需要真正的领导者

我希望这种狂躁会渐止平息，让人们静下心来深刻而又严肃地思考一些至关重要的问题，例如：“当今世界，企业的使命是什么？组织的使命是什么？”人人都认为，组织是一架为股东创造价值的机器，这个比喻过于简单化了。但是，什么样的比喻更贴切、更有启发性呢？让我感兴趣的是，“组织”作为一个不断变化、响应迅速的器官的概念，以及查尔斯·汉迪[1]提出的“组织就是一个社区”的观点。如今，我们正把越来越多的时间花在工作上，而且也越来越渴望工作与个人生活之间取得良好平衡。在这种情况下，把公司或其他组织视为小社区的理由就显得格外引人注目。恰恰是当我们被手机绑在工作场所中的时候，我们渴望做那些看起来非常有意义的工作，以证明我们错过与家人的一次次欢聚是值得的、应当的。**各种组织的领导者都需要认真思考：如何给予员工有意义的回报，并让日益小型化的团队充满人情味。**如果新近发生的丑闻让领导者非常分心，以至于他们未能处理好这些道德和哲学问题，那将是很可悲的。而如果这些丑闻让人们觉得这一职业不值得付出努力，就像过去政治丑闻常常玷污公用事业一样，那就更可悲了。

说到最近这些丑陋的头条新闻，我认为重要的是要记得我们对领导者态度的反复。我们倾向于在一段时间里慷慨地给予他们不相称的关注和赞扬，待他们如王室；而在某个时刻，我们会突然翻脸，激烈地攻击他们，视他们如魔鬼。这两种极端都是不正确的。值得记住的是，每有一个可耻的丹尼斯·科兹洛斯基（Dennis kozlowski）（泰科公司被免职的首席执行官），就有其他成百上千个能干而又可敬的商业领导者。而且，在非政府组织、社会活动群体、学院和大学、文化机构以及其他非营利组织的高层中，也有很多非常优秀的男性和女性。他们都是有志成为领导者的人应该去寻找和效仿的对象。

让我举一个例子。在我的新书《极客与怪杰》(*Geeks and Geezers*)中，对年轻领导者和老年领导者做了一个比较。印象最深刻的高级领导者是

---

① 查尔斯·汉迪（Charles Handy），欧洲最伟大的管理思想大师，2001 年西方媒体评选“当代最有影响力的 5 位企业思想家”，德鲁克名列第一，汉迪居第二。他的系列著作中文简体字版已由湛庐文化策划，浙江人民出版社出版。——编者注

哈曼国际工业集团（Harman International Industries）的首席执行官西德尼·哈曼（Sidney Harman），我和鲍勃·托马斯（Bob Thomas）访问了他。不久前，当每天似乎都有新的公司祸根被揪出来的时候，西德尼在公司的季度报告中向股东们传达了这样一个信息。他告诉股东们，公司与大多数独立的董事会成员没有生意往来，并且概括地介绍了公司现有哪些机制可以确保董事会以及公司本身的正直：如果出了什么问题他会知道的，因为“我在全身心地关注和管理着这家公司，我知道其中各个角落都在发生些什么”。对于这种迅速地做出反应、负责的行为，我们称之为真正的“领导”。

像所有伟大的领导者一样，西德尼所做的最重要的一件事就是培养一种坦率的文化。在就“领导”这一主题进行了多年的写作之后，我突然发现，任何组织的成功都有一个被忽视了的至关重要的因素——**不是伟大的领导者，而是伟大的追随者**。西德尼的办公桌上镶着一块小牌匾，上面写着：“在每一家企业里，总会有某个人准确地知道正在发生什么事，应该把那个家伙开除。”这当然是在说反话。西德尼一直坚持倾听，甚至欢迎员工们提出有见地的异议。但是，在很多组织里，那些敢讲逆耳真言的人会被开除，或者至少会受到排挤。

任何组织的成功都有一个被忽视的至关重要的因素——不是伟大的领导者，而是伟大的追随者。

一个悲剧性的事件是“挑战者”号航天飞机的爆炸。1986 年 1 月 28 日，“挑战者”号航天飞机在发射升空不久后爆炸，机上人员全部遇难，其中包括 6 名宇航员和首位参加太空飞行的女教师克里斯塔·麦考利夫（Christa McAuliffe）。这是美国历史上最严重的一次太空灾难，而遇难者亲属的到场使它变得更加令人心碎：这原本是可以避免的。就在灾难发生的前一天，罗杰·博伊斯乔利（Roger Boisjoly）——美国宇航局（NASA）的供应商莫顿聚硫橡胶公司（Morton Thiokol）的一位工程师就曾经提醒上司，说航天飞机的O型环存在着一个严重缺陷。博伊斯乔利的命运与当代很多预言灾难的卡桑德拉[①]一样，他的警告被当成了耳旁风。试图阻止灾难发生的勇敢行为，给他带来的回报却是职业生涯的终结。从那以后，他只能靠揭发内情以及其他道德议题方面的演讲为生，而这在很大程度上是因为他不能再在航天领域里找到新的工作了。这给其他打算揭发内情的人提供了一个来之不易的教训：提出异议前，首先要保证有一份新的工作在等着你。

不管提出反对意见的人是多么可敬，他们都很少受到组织的欢迎。我想起了在一部动画电影中，一位被溜须拍马的下属包围着的工业巨子咆哮着说："谁敢反对我，那就意味着他想滚蛋！"组织倾向于严厉地对待那些坚持讲出困窘真相的人，例如安然公司的谢伦·沃特金斯（Sherron Watkins），还有揭发弊端的FBI探员科琳·罗利（Colleen Rowley），他们都是活生生的例子。然而对组织来说，最宝贵的财富就是愿意对当权者讲真话的人。有的时候，组织会荒谬甚至不道德地忽视坏消息——汽车行业对车型存在的安全隐患保持缄默就是一个极端恶劣的实例。但是，真正的领导者欢迎那些讲真话的人，不管他们的言词有多难听。**一个领导者要想迅速没落，最快的办法就是让自己被一群应声虫包围。即使坚持原则"唱反调"的人是错误的，他们也会促使领导者重新评价自己的**

① 希腊神话中的人物，女预言家，曾预言了特洛伊的毁灭。但是，当时人们认为她疯了。——译者注

观点，审视自己的设想所存在的缺陷。质疑只会让好的观点变得更有说服力。对当权者讲真话的下属需要勇气，而且可能要为自己的直率付出代价。但是，他们作出这种行为的勇气不亚于领导。敢于站出来反对自己的上司，这种精神可能会让坦率的员工丢了自己的工作，但它也会帮助员工在另一个更开明的组织里找到用武之地。

这让我想到了自写作《成为领导者》以来意识到的另一件事，伟大的领导者和追随者总是致力于富有创造性的合作。就像对艺术家的看法一样，我们仍旧倾向于把领导者视为孤独的天才。事实上，一个有天赋的人就能够解决我们所有问题的时代早已一去不复返了。如今我们面对的问题来得太快也太复杂，要解决它们，我们需要优秀的领导者甚至是领导团队率领下的人才群体。正如我与帕特里夏·沃德·比德曼（Partricia Ward Biederman）在《七个天才团队的故事》（*Organizing Genius*）一书中所写的："独行侠已不复存在。"**要领导一个优秀的团队，领导者不必具备团队成员具备的所有技能。他必须要具备的是愿景、感召他人的能力以及正直。**这样的领导者还要有出众的挑选和教练辅导能力——慧眼识才的本领、富有感染力的乐观精神、激发他人最大潜力的才能、促进沟通和调停冲突的能力，公平意识以及能够赢得信任的真实。如今的世界，几乎所有的东西都比过去更复杂、节奏更快——这让协调与促成默契合作的能力变得比以往任何时候都更加重要。

造就领导者的"熔炉"

今天，有两件事情与领导者密切相关。第一件事情是"9·11"。2001年9月11日，恐怖分子对于世贸大厦和五角大楼的攻击，就像"珍珠港事件”一样根本性地改变了美国人的生活。我们当中长期思考领导力和变革的人，一直认为变革的步伐将会加速，我们必须找到更好的加速办法。但是，有些变化很难拥抱，“9·11”就是一个重要的例子。自从20世纪全球经济大萧条以来，美国一直是日益安全的福地。自从美国内战以来，美国本土从未发生过战争。在社会公平和种族主义领域，美国有着非凡的自由度和多元的包容性。“9·11”让美国不再有安全感。2002年，巴厘岛的恐怖爆炸事件明显是针对西方人的，华盛顿特区发生的狙击手系列袭击案进一步让美国人的安全感一点点消蚀。我们讨论“9·11”，努力从数千人的伤亡和大量的瓦砾废墟当中发现影响未来的教训和意义，而不是仅仅把它当成一个灾难。

适应能力是一种创造力，还包括发现并抓住机会的能力。

我们都知道，对于任何组织和机构而言，世界越是危险，就越需要领导者，这一点比以往任何时候都更加迫切。2002年，在研究怪杰们怎样成为领导者的过程中，我和鲍勃·托马斯发现，领导者的地位总是形成于某个重大事件，而且往往是充满压力的事件之后。我们把这种造就领导者的经历称为“熔炉”。曾经有一位访谈者问我，怎么偏偏对“领导力”的主题产生了兴趣。我对他说，如果不思考有关领导力的问题，想要熬过20世纪的三四十年代是不可能的。那时，世界上有很多伟人——富兰克林·罗斯福、丘吉尔、甘地等卓越的领导者。而且，那时还有很多以最恐怖的方式运用手中巨大权力的人，比如希特勒，他滥用领导的精髓，屠杀了数以百万计的无辜生命。与许许多多和我同辈的人一样，大萧条和第二次世界大战的战场就是我的“熔炉”。

在成为领导者的过程中，“熔炉”是一个基本要素。在1989年的时候，我还没有充分意识到这一点。在这种领导力“熔炉”当中，某种神奇的东西正在发生，不管这种转型的经历是像曼德拉的狱中岁月那样的严酷考验，还是像接受导师辅导那样相对不怎么痛苦的经历。具有某些特质的个体经受了这种“熔炉”之后，会形成新的、更高的领导能力。无论经历什么“熔炉”会让领导者变得更强壮、更坚韧；不管考验多么残酷，他们会变得更乐观、更开放。他们不会失去希望，不会向苦难屈服。我将在本书中描述某些我现在意识到的对领导来说不可缺少的品质，尽管它们并不是领导的充分保证。但是，先让我再就“熔炉”多说几句。在1780年，也就是领导大师阿比盖尔·亚当斯（Abigail Adams）[①]的儿子约翰·昆西·亚当斯（John Quincy Adams）的品格和领导能力受到“熔炉”锻造的艰难时期，她在写给儿子的信中一语中的。“伟大的品格不是在宁静的生活中形成的，”她忠告儿子说，“强大思想的习惯是在与困难的斗争中‘熔炼’出来的，巨大的困难催生伟大的品质。”就像第二次世界大战造就了20世纪后半叶的领导者一样，我预言“9·11”和网络泡沫的破裂也将是造就新一代领导者的“熔炉”。如果是这样的话，我们将有理由在哀悼的同时庆祝一番。

成为领导者的4种必备能力

除了我在《成为领导者》当中描述的品质之外，所有的领导者还应具备4种必需的能力。

① 美国第二任总统约翰·亚当斯的夫人，她的儿子是美国第六任总统。——译者注

第一　能够通过建立共同的愿景与意义来吸引人们投入其中。他们都有一个愿景，而且能够说服其他人来分享这个愿景。对于这种能力，希特勒可以说是一个可怕的典范，同时他也提醒我们，不要低估花言巧语和表演在领导工作中发挥的作用。领导者之所以能够传播自己的愿景，其中一个原因在于，他们与追随者非常默契，可以感受到他们的痛苦、渴望和需求。在各个领域里，领导者都非常善于理解他人的处境、情感和动机。

第二，有一种独特的"声音"。我所说的"声音"是指很多东西——目的、自信和自我意识，还有"格式塔"（Gestalt）[①]能力，我们现在称之为"情商"。声音很难定义，但极其重要。阿尔·戈尔之所以会输掉2000年的总统竞选，一个原因就是他缺乏自己独特的声音。我们当中那些了解戈尔的人，都被他的才智、正派、愿景以及嘲弄式的幽默感所深深打动。然而，在竞选活动期间，公众根本无法听到他真正的声音。相反，小布什有着独特的声音，向公众传达了一个讨人喜欢、低调的形象，这甚至让那些强烈反对其政见的人都做出了积极的响应。而且，因为现代的媒体可以把它传播到各个角落，所以发出自己的声音比以往任何时候都更重要了。

第三，应具备的品质是正直（integrity）。最近发生的很多事情一直在提醒我们正直有多重要，因为我们已经认识到有太多所谓的企业领导者缺乏这种品质——人们把他们叫作"企业的黄鼠狼"。正直的组成要素之一是坚定的道德指针。它不必是宗教信仰，但它一定是对外在于自我的某种东西抱有的坚定信念，拉尔夫·纳德（Ralph Nader）对消费者至上

① 格式塔：格式塔系德文"Gestalt"的音译，主要指完形，即具有不同部分分离特性的有机整体。20世纪初，奥地利及德国的心理学家创立了格式塔理论，它强调经验和行为的整体性，反对当时流行的构造主义元素学说和行为主义"刺激—反应"公式，认为整体不等于部分之和，意识不等于感觉元素的集合，行为不等于反射弧的循环。——编者注

主义的信奉就是一个生动的例子。领导者总是涉及品格。关于领导者的品格向心性，我最喜欢的结论之一是戴维·麦卡洛（David McCullough）在其《品格高于一切》（*Character Above All*）一书收录的一篇文章中对哈里·杜鲁门的评价。“就总统而言，品格要比其他任何品质都更重要，”麦卡洛写道，“它的重要性甚至高于总统对外交政策、经济甚至是政治的了解程度。在紧要关头——总统任期中几乎所有时刻都是紧要关头，你怎样决策？你选择哪条路？需要什么样的勇气？在谈到自己心目中的英雄安德鲁·杰克逊（Andrew Jackon）时，杜鲁门曾说：‘面对一个决斗的对手需要一种勇气，但同你对一个朋友说“不”所需要的勇气相比，前者根本不算什么。’”

第四，适应能力（adaptive capacity）对领导者来说是绝对不可或缺的。适应能力让领导者能够迅速、聪明地应对持续不断的变化。在最近的十多年里，为了适应一个变化的环境，一种全新的决策过程已经逐渐形成了。正如心理学家卡尔·韦克（Karl Weick）有说服力地写道：旧式领导者可以依赖地图前行，而对如今数字时代的领导者来说，世界从来就不是静止的或十分清晰的，所以他们必须要依靠指南针。韦克解释说：“根据定义，地图只在已知的领域中才有用，这些领域以前就已经被人们探索过了。当你不确定自己身在何处时，指南针会给你帮助。当然，它只能给你一种大致的方向感。”适应能力让如今的领导者可以采取行动，然后评价行动的结果，而不是依赖于传统的决策模式：首先收集和分析数据，然后采取行动。如今的领导者们知道，速度至关重要，往往必须要在所有的数据到达之前采取行动。他们必须要评估行动的结果，修正行动方向，然后再一次迅速地采取行动。

适应能力由多个方面构成，其中包括弹性或者心理学家所说的“坚韧性”（hardness）。正如小说家索尔·贝洛（Saul Bellow）在描述自己笔下一个人物时所写的，能够迅速而恰当地采取行动的人都是“第一流的观察者”。**适应能力是一种创造力，还包括发现并抓住机会的能力**。这么多年来，在看着成百上千的人成为领导者的过程中，我也一次又一次地被有些人寻找导师的高效率所打动。我意识到，作为一个年轻人，天赋之一就是找到优秀的老师并恳求他们给予指点的能力。这种能力要比单纯地建立人际关系更复杂、更重要。它不亚于找出少数能够对你的人生产生重大影响的人，并让他们站到你这一边的能力。在最近的几十年里，我已经从一个导师的角度经历了这个过程。在这期间，为了把我吸引到他们的生活当中，让我关心他们，使我愿意以任何方式帮助他们，一些有才能的年轻人所运用的技巧总会给我留下深刻的印象。要想成为一个领导者，这种能力必不可少。而且，这是一个其他灵长类动物似乎也在采用的成功战略。在研究雄性狒狒的过程中，斯坦福大学的神经学家罗伯特·萨波尔斯基（Robert Sapolsky）发现，雄性狒狒是长寿还是早些死去，这中间的差别往往归结为年长的雄性招募更强壮的年轻雄性来保护自己的能力。辅导不仅仅是一种职业发展战略，更是一种可以让双方都受益的互惠的舞步。

在与成功的怪杰们交谈时，我总会惊讶于他们的适应能力。如今我比以往任何时候都更加肯定，**成为一个领导者的过程正是一个人健康、全面成长的过程。而且，这也是让一个人可以顺利成熟的过程**。想到适应能力，我会想起一个个像证券交易委员会（Securities and Exchang Commission）前主席阿瑟·莱维特（Arthur Levitt）这样的领导者。阿瑟的适应能力使他可以一次次地改造自己。在我写这篇序言的时候，他恰好有一本关于华尔街和美国公司界的书登上了畅销书排行榜。在近些年里，他更多的是作为美国公司经营方式的批评者而受到关注。岁月只是让他成为一个更加杰出的领导者，并且把他出色的适应和成长能力打磨得更加光亮。

永恒的领导者总是涉及品格，涉及真实（authenticity）。请让我再次强调先驱心理学家威廉·詹姆斯（William James）关于真实的评论。他写道：

> 要定义一个人的品格，最好的方法就是找出让他觉得自己最积极、最活跃时所处的独特心态或道德态度。在这样关时刻，会有一个发自内心的声音大声说："这才是真实的我。"

1989年，我曾经强烈建议你们去发现和培养那个真实的自我——你身上最活跃、最能代表你的部分。现在与那时一样，发现并培养真实的自我仍然是一条成为领导者的可靠路径。

ON
BECOMING
A
LEADER

首版序言（1989）

成为领导者就是成为你自己

几十年来，我把生命中的大部分时间都奉献给了领导力研究，这项研究不可或缺的部分是对这个国家中一些领导者的观察和访谈。我就这一主题出版的第一部著作是《领导者》（*Leaders*）。突然之间，我成了领导力权威。不管是谁，不管他在何处，只要有关于领导力的问题，就必定会敲响我家的门。说起这件事，我的懊恼与自豪不相上下，因为无论如何，我都没有全部的答案。

对领导力的研究不可能像化学研究那样精确。首先，社会不像物理世界那样有秩序，那样服从于规律。其次，与固体、液体和气体不一样，人和人是不同的，而且是难以预测的。成年后，我就一直是教师兼学生，所以我像任何人一样，对任何贸然下结论或者画蛇添足的念头都非常警惕。因此，不得不一次次地验证我的答案是合理的。人们想知道真理，而我给他们我的看法。**在某种程度上，领导力就像美：很难定义它，但**

当你看到它时，你就知道那是美。

今天，我仍然没有找到所有的答案，但是自《领导者》出版以来，我已经对领导力有了更多的认识。因此，这是我的第二本关于“领导力”的著作。

> 《领导者》论及的是“领导者是什么人”。
>
> 《成为领导者》讨论的是方法论：人们怎样成为领导者，他们怎样领导，以及组织是怎样鼓励或者限制有潜力的领导者的。

但是，根据领导力的定义，领导力不可能产生在真空中，所以我首先着眼于领导者面对的当前环境——阻碍领导者成长的各种力量。人人都在叹息如今的世界缺乏领导力，指责往往会落到某个未能达标的人头上。贪婪、胆怯、缺乏愿景，这些都在当前一群群的伪领导者中蔓延。我知道这个国家中有很多真正的领导者，因为我曾经与他们交流过，然而毫无疑问，不管这样的领导者有多少，都会让人觉得不够，尤其是在国家层面上。但是，我们每个人的缺点却预示着一个更加严重的问题。

在某种程度上，领导力就像美：你很难定义它，但当看到它时，你就知道那是美。

如果说那些处于领导地位的人似乎没有能力控制他们所在的领域这种说法是合理的，那么认为这个世界本身就无法控制则更加合理。最近二三十年的变化是如此具有颠覆性，看起来就像是世界在踢足球而美国却在玩橄榄球。这不仅仅是游戏规则变了，而是完全不同的两种游戏。

因此，在人们掌握领导力之前，必须要对这个陌生的新世界有所了解。毫无疑问，任何不能控制这个多变环境的人，都将被它所控制。已经有很多人取得了成功，其中包括你将在本书中看到的一些领导者。他们有着各不相同的背景、经验和职业，却都对未来的人生充满激情，都有充分自由地表现自我的能力。正如你将看到的，**充分自由地表现自我就是领导力的本质**。就像爱默生曾说的："人仅仅是他自己的一半，另一半是他的自我表现。"

《成为领导者》是基于这样一个假定：领导者是那些能够充分表现自我的人。我的意思是，他们知道自己是什么人，知道自己的优点和缺点是什么，知道该怎样去充分利用自己的优点、弥补自己的缺点。他们还知道自己想要的是什么、为什么有这样的目标，以及如何通过有效的沟通和共同的目标赢得他人的合作与支持。最后，他们知道该怎样去实现目标。充分表现自我的关键是了解自我和外在的世界，而了解的关键是学习——从自己的人生和经历中学习。

如何成为领导者

成为领导者并非易事，就像成为一名医生或一位诗人一样；那些声称很容易成为领导者的人，都是在自欺欺人。但是，学习领导力要比我们大多数人想象的容易得多，因为我们每个人都具备领导潜力。事实上，几乎人人都有某种领导的经历。这种经历也许不是管理一家公司或治理一个国家，但正如哈伦·克利夫兰（Harlan Cleveland）在《知识型管理者》（*The Knowledge Executive*）一书中所写道：

有成就的精英人士为数众多，而且非常普遍……他们可以

> 是政治、商业、农业、劳工、法律、教育、新闻、宗教、反歧视行动或社区安居等领域的领导者，也可以是关心从堕胎到市立动物园等任何政策问题的带头人……他们的职责可能涉及社区事务、国家决策或全球问题、一个跨国的完整产业或行业，也可能是局限于生活和工作中一个更窄但更深入的领域：一家公司、一个当地政府机构或者是一个小区。

不管你的领导力体验是什么，那都是一个很好的起点。事实上，成为一个领导者的过程与一个人健康、全面成长的过程没多大区别。就像对任何一个完整的人一样，对领导者来说，人生本身就是经历。从“领导者”的角度来讨论这个过程，仅仅是一种使之具体化的方式。

法国印象派和野兽派画家乔治·布拉克（Georges Braque）曾说：“艺术中最重要的部分是无法解释的。”可以说领导力也是这样。但是同艺术一样，领导力也是可以证明的。而且，就像几十年前我开始研究领导力时一样，今天，我仍旧着迷于观察和倾听这个国家中一些最杰出的领导者的声音。同他人一样，这些特殊的男女也都是各自经历的总和。然而与大多数人不同的是，他们每个人的价值都不仅仅是经历的总和，因为他们从各自的经历中创造了更多的东西。这些东西是原创而非复制。

因此，我的研究范式不是关于领导者的理论和某个虚拟环境中行使职责的领导者，而是现实世界中的领导者。我有意选择了一些不仅富有成就而且多才多艺的人：一个任首席执行官的作家、一个负责基金会的科学家、一个身为内阁成员的律师，以及一个踏上第三条职业道路的年轻人。他们勤于思考、善于表达、乐于反思，都是对他人产生了重大影响的人。

我认为，当前我们的文化是受商业支配和决定的，所以在我挑选的领导者群体中，差不多有 1/3 的人是来自商界的。如果你们当中有人认为我们的文化是受媒体支配的，那么我会像传奇的电视节目制作人诺曼·李尔（Norman Lear）一样告诉你：甚至连电视节目也是受商业支配的。其中有些人领导着美国最重要的公司，有些则经营着自己的公司。这个群体当中也有从事媒体和艺术的领导者、放弃了商业职业而选择非营利事业的人、体育名人、学术界人士、作家兼心理分析学家、律师、前面提到的科学家以及从家庭主妇变成了作家和女权领袖的贝蒂·弗里丹（Betty Friedan）。你可能已经注意到我把政治家排除在外了，因为坦率的政治家非常稀缺，而且我对思想比对意识形态更感兴趣。

主动领导而不是被驱策

这些领导者绝非平庸之人。他们致力于未来正在渐渐成形的前沿领域，是描述事物现状和未来的领路人，或者说是报告前线消息的侦察兵。尽管他们在背景、年龄、职业以及成就方面各不相同，但他们却有两个相同点。

首先，他们都认为领导者不是天生的，而是后天造就的，而且更多是靠他们自身的努力而非任何外在的途径。其次，他们都认为，没有哪个领导者原本就打算成为一个领导者，确切地说，他们是想充分自由地表现自我。换句话说，**领导者没有兴趣向他人证明自己，他们始终关心的是表现自己。这一至关重要的差别是一个“熔炉”，决定了一个人是“被驱策”还是“主动领导”**。如今，有太多的人选择了前者，而选择后者的人却寥寥无几。

他们还有一个共同点：**在整个人生中，他们都在不断地成长和发展自我。这是领导者最优秀的特质。**例如萧伯纳、达尔文、凯瑟琳·赫本、马丁·路德·金、“圣雄”甘地和皮亚杰等人，就是一些会立刻浮现在我们脑海中的榜样。据说，温斯顿·丘吉尔直到 66 岁还在乱穿马路。

学习和成长中的领导者

因此，本书要探讨的主题之一就是成人学习。实际上，大多数心理学家几乎都没有论及成年人的精神生活、学习和成长。不管是出于什么原因，我们倾向于把创造性的行为和学习与年轻人联系起来。我认为这是一个社会化的问题：我们没有把中老年人（也许 45 岁以上）看作是学习者。毫无疑问，如果我们了解足够多的“成年人”学习的例子，从丘吉尔、毕加索到贝多芬甚至是弗洛伊德，那么我们肯定会重新考虑这些想当然的假定。

因为我们还在质疑这些假定，所以目前还没有站得住脚的理论。但是，我们掌握的最可靠的信息表明，**成年人在对自己的学习负责时效果最佳。对自己的学习负责，这是对自己的人生负责的一部分，是一个人健康、全面成长的必要条件。**

但是，在让这些人变得杰出的所有品质当中，最关键的是要有一个引导性的目标（guiding purpose），一个最终的愿景（overarching vision）。

他们不仅仅是目标导向的，正像卡尔·沃伦达（Karl Wallenda）曾说的：“走钢丝的时刻才是生活，其他时刻都是等待。”与愿景也就是强制性目标相伴随的，是体现和实施愿景的象征的重要性。对达尔文来说，富有创造力的象征就是一棵进化树——他可以在这棵树上追踪不同物种的繁盛和灭绝。威廉·詹姆斯把心理过程看成是一条小溪或河流。约翰·洛克（John Locke）关注放鹰打猎的人，并用他们放开猎鹰的过程来象征自己“对创造性过程的新见解”——换句话说，就是对人类知识的探求。在来自这个群体的象征当中，可能没有哪一个真的那么意义深远，但它们起着同样的作用。

托马斯·卡莱尔（Thomas Carlyle）曾说：“理想源于自己，阻碍也源于自己。”正如我们从苏格拉底和柏拉图那里学到的，这样的阻碍可以通过仔细审察以及在正确的时机提出正确的问题来克服。这些领导者似乎都已经克服了自己内在的阻碍；在我与他们的对话当中（它们并非一般意义上的访问），我不是在给普遍的问题寻找看似完美的答案，而是在探索有关领导力的某些真理。在某种意义上，我们是一起重走了他们各自为寻找充分表现自我的方式而已经单独走过的路。

柏拉图认为，学习在本质上就是重新获得或回忆起的过程——熊和狮子本能地知道生存所需知道的一切，并且只管照着去做，同样，我们每个人也都是如此。但是就我们人类而言，需要知道的东西淹没在他人告诉我们应该知道的东西里面了。因此，学习不过是一个重新记起什么东西重要的问题。正如荣格所说，心理分析更多的是一种学习的方式，而非治疗的方式。

所以，我们已经了解了需要知道些什么，但是我们每个人都必须重新获得那些基本知识，而且这样的重新获得必定要从提出问题开始。在开始每次对话时，我的头脑中都有这样一些问题：

- 你认为，领导者的品质有哪些？

- 对于领导者的成长而言，哪些经历最重要？
- 什么是领导者人生中的转折点？
- 在人生中，你扮演过的哪个角色让你感到挫败？
- 你是如何学习的？
- 在你的人生中，你最敬佩的人是谁？
- 组织是怎样鼓励或者阻碍领导者成长的？

面对这些基本问题，领导者们做出了广泛、自由的回答，而这反过来解释了我所关心的根本性问题：人们怎样学习，人们怎样学会领导力，组织怎样帮助或阻碍这一过程——或者简而言之，人们怎样成为领导者。

我们习惯性地认为，如果某个人具备了应有的素质，那么他就必然会成为领导者，就像奶油会浮到牛奶瓶的顶部一样。但事实并非如此。已故的斯特拉·阿德勒（Stella Adler）曾经是一位著名的女演员，后来又成为了著名的表演教师；她一直拒绝评论自己那些成为明星的学生。她说，她还有那么多同样有天分的学生，由于缺乏动力或者运气不好等种种原因没有成为明星，她害怕自己的评论会刺伤他们。就像表演天赋不能保证一个人必然会成为明星一样，领导力也不能保证一个人将会领导好一家公司或一个政府。事实上，在如今不成功便成仁的环境中，可能大有前途的人往往要比性格温顺的人更加难于实现自己的期望，因为至少是在我们这个时代，真正的成就可能不如简单化的成功更受重视，而且那些善于创造奇迹的人未必就愿意成为领导者。

尽管我已经说过：**人人都有领导力，但我并不认为人人都会成为领导者，尤其是在如今这种令人迷惑，而且往往充满对抗的环境中。**大多数人仅仅是环境的产物，他们没有改变自己、挖掘自身潜力的意愿。然而我也认为，不管多大年纪和处于怎样的环境，人人都有自我改造的能力。说到底，**成为领导者是一种自愿选择的行为，如果你有这样的意愿，你才会踏上这条道路。**

领导力转型是一个过程，所以，《成为领导者》是一个讲述该过程的故事，而不是一系列相互没有关联的经验教训。作为一个现代的故事，它没有开头也没有结尾。但是，它有很多重复出现的主题：

- 对正规和非正规教育的需要
- 为了学习而遗忘的需要
- 为理解经验教训的意义而反思学习的需要
- 冒险和犯错误的需要
- 对胜任能力以及掌控手边任务的需要

我知道，本书的主题比瓦格纳的一出歌剧还多。但我要提醒你，这是一件很复杂的事情。这些主题不仅重复出现，而且还相互重叠。例如，在第 5 章“凭直觉行动”中提到的著名导演西德尼·波拉克（Sydney Pollack）讲述指导芭芭拉·史翠珊（Barbra Streisand）的故事，它也阐释了冒险和反思。在读完本书第一遍之后，你可能还想再从头到尾浏览一遍。至少我希望你会这样做。

本质上，成为领导者与成为自己是一个意思。这的确非常简单，也的确非常困难。现在，让我们开始行动吧！

"

WARREN BENNIS

THE LEADERSHIP CLASSIC

对领导者来说，机会是无限的，挑战也同样是无穷的。

太多的首席执行官不是领导者，

而是环境的完美体现：受驱使、有干劲，却一事无成。

因此，要成为领导者，

首先就要认清当前环境的实质：是破坏者而非创造者，

是陷阱而非发射台，是终结而非开始；

同时，宣布与它们一刀两断。

"

ON BECOMING A LEADER

01
驾驭环境

领导者在建设社会心态中发挥着重要作用。他们可以成为社会道德的符号，可以展现社会整体的价值观。最重要的是，他们可以构想和传达具有号召力的目标，把人们从对琐事的关注中解放出来，带领大家超越造成分裂的社会冲突，团结人们去追求值得他们付出最大努力的目标。

——约翰·加德纳
《没有轻而易举的胜利》

A leader without some vision of where he wants to take his organization is not a leader.

一个没有愿景的领导者也不是一个真正的领导者。

1987年11月,《时代周刊》在一篇封面文章中提出了这样一个问题:“谁在掌管美国?”并随后自问自答说:“这个国家需要卓越的领导者,却没有人堪当大任。”在谷歌中键入“lack of leadership”(领导者缺乏),搜索结果超过5 330万条(5年前只有2.7万条),每一条都在哀叹全世界的组织、国家、州、宗教团体、企业、非营利组织、行业、教育、卫生保健、体育——几乎所有人类活动领域都缺乏卓越的领导者。

渴望卓越领导者

很多年来,人们对卓越领导者的渴望一直在增长。2008年11月4日,随着奥巴马当选美国总统,一个具有超凡魅力的新领导者登上了世界舞台。在他获胜的当晚,无数美国人因为对国家的自豪和对奥巴马战胜人们的旧有偏见感到欣慰而哭泣。在电视节目中,奥巴马就读过的印度尼西亚小学里的孩子们在欢呼;在无数个俱乐部里,英国人在举杯庆贺;在奥巴马父亲出生的村子里,肯尼亚人与他的亲戚们在一起跳舞。但是,当选为总统只是一个开始,现在,我们真心希望他将成为历史的巨人。

奥巴马非同寻常的当选提醒我们，我们的领导者梯队是多么的薄弱。我们曾经尊敬的领导者大多数已经离我们远去。带领国家战胜恐惧的罗斯福远去了。挥洒鲜血、汗水和眼泪的丘吉尔远去了。在兰巴伦（Lambarene）的丛林里感召人们尊重生命的史怀哲（Albert Schweitzer，1952 年诺贝尔和平奖获得者）远去了。让我们感受到无限的统一性和宇宙和谐的爱因斯坦远去了。甘地、肯尼迪、马丁·路德·金都被刺杀身亡。

世界舞台充满着有缺陷和令人失望的领导者。罗纳德·里根这个“善于摆脱麻烦的总统”因为“伊朗门事件”和其他丑闻而声誉大跌。比尔·克林顿甚至在就任总统之前就绯闻缠身，后来被弹劾（最终被判无罪），成为美国历史上第一个以如此惊人的方式被责难的总统。

与 2008 年选举不同，2000 年的总统竞选，比候选人之间的竞争更加引人注目的是“过山车似”的选举过程，最终乔治·布什获胜，尽管他落后戈尔 50 万张选票。选举结果最后是由最高法院决定的，这在美国历史上是第一次，这也导致最高法院在很多人心目中的地位一落千丈，此前人们一直以为它是独立于党派政治之外的。当布什总统强有力地回击“9·11”恐怖袭击时，他的管理迅速变成了一系列灾难——毫无根据、拖延太久的伊拉克战争、令人羞耻的关塔那摩和阿布格莱布监狱；对遭遇飓风袭击的新奥尔良市的糟糕救援；情报特工瓦莱里·普拉马（Valerie Plame）的曝光；司法部门前所未有的政治化；不是一次，而是两次的经济危机。2008 年的经济衰退是自大萧条以来最严重的，股指在一天之内下跌了近 1 000 点，在当年的前 10 个月，有 120 万美国人失去工作。

如果说政治领导者让我们失望，那么公司领导者的表现就更加糟糕。在雷曼兄弟公司和一些大型银行，这些一度受人尊敬的机构出现的贪婪和不道德行为，让我们看到了这一点。因此公众和媒体呼唤新的领导者和更好的管理。领导者们（包括大学校长、市长、州长、非营利组织领导者等）没有进行足够的自我反省，而是继续对这些机构听之任之。但是，我们越来越意识到，由于各种失控的事件与环境的冲击，真正的领导者更加稀缺。

密歇根大学的一位科学家曾经列出我们的社会所面临的十大根本威胁。第一个也是最严重的一个是发生某种形式的摧毁人类的核战争或核事故。第二个威胁是发生全球性流行疫病、大饥荒或经济萧条。第三个威胁可能会导致社会的崩溃，那就是我们组织机构的管理质量和领导质量。

今天，我们还必须为这个威胁清单增加全球变暖、贫富差距扩大、国际恐怖主义等。而领导者的相对缺乏一直是一个巨大的威胁。很显然，美国 3.04 亿人不能在没有领导者的情况下长时间待在一起，就像 3.04 亿人不能在没有任何规则的情况下，在道路上和高速公路上驾车；4 个人无法从 X 地走到 Y 地，除非其中一个人知道 Y 地在哪里。

没有领导者，一个人可以在荒岛上活下来。两个人如果完全合得来，也许还能和睦相处甚至过得更好。如果是三个或者更多的人，那么就必须要有一个人站出来当头，否则就会乱成一团。今天，我们对领导者有了更加深入的理解，我们不再以电影《独行侠》（*The Lone Ranger*）和《大人物》（*The Great Man*）中的模式去思考领导者。但不管我们的组织采取何种合作方式，都需要有人筹划所有人的行动，并作出最终的决策。

领导权可能在荒岛上生存的三个人之间轮转，就像在谷歌的三个工程师团队之间轮转一样，但无论怎样，领导者是人们所需要的。

离开领导者就无法运转

让我们承认这个事实：在这个充满复杂性、流动性的国家，离开了领导者，就无法运转。我们的生活质量依赖于领导者的品质（正如2008年的经济衰退留给我们的痛苦教训）。而且不只需要一个，在所有组织和机构中，我们都需要领导者。每一个社区、企业和国家都需要领导者。然而领导者的缺乏，也带来了巨大的机会。如果你从未梦想过成为领导者，那么就从这里，从现在开始。

领导者之所以重要，有三个根本原因。

首先，领导者决定组织的高效运营。不管是篮球队、社区活动团体、电影制片商、电子游戏制造商、汽车制造商还是借贷机构，所有组织的成败都取决于决策团队的质量。甚至股票价格的涨跌也取决于公众对领导者优劣的认识。但同样重要的是，领导者决定雇用、组织的目标和抱负、工作环境、授权、士气、资源配置、透明度和道德标准。

其次，卓越的领导者能够指引明确的定位和方向，鼓舞人们，重振希望。过去这些年来的变化和动荡已经让我们无所适从。

最后，领导者能够带领组织机构摆脱正直危机。现在，全国上下都在担心组织机构的正直。很难想象，华尔街曾经是一个人人都讲正直的地方（直到穆里尔·希伯特第一个在纽约证券交易所购买到席位，之前几乎没有女性在华尔街工作）。然而，先是在20世纪80年代，伊凡·博思基（Ivan Boesky）和迈克尔·米尔肯（Michael Milken）等白领的罪行败坏了华尔街的名声，接着在21世纪初期，一个又一个CEO的贪婪和口是心非更是让华尔街名誉扫地，他们拿着高薪，却欺骗股东和员工。

能源公司安然曝出假账丑闻后，全国人民在电视上看到曾经获得无数赞誉的领导者戴着手铐从他们的家里走出来。接着，泰科国际（Tyco International）、因姆克隆、阿德菲亚通信公司也接连受到犯罪指控。世通公司、环球电讯和其他一些新经济（New Economy）中的明星公司都在财务作假中陷入破产。一时间，要求大规模改革公司董事会、会计流程、高管聘任、员工退休计划的声音非常强烈，这是自大萧条以来发生的前所未有的要求彻底改革美国企业运营方式的呼吁。

这些丑闻让我们这些几十年来致力于培养未来领导者的人倍感忧虑。各所商学院迅速对这场灾难做出了回应，把安然和因姆克隆的案例作为前车之鉴增加到他们的教学课程当中，并且增强了商业伦理课程。但是很显然，不是每个人都能从这些案例和改革的课程中学到透明度、责任感和公平竞争的经验教训，如果他们都学到了，就不会有2008年的次贷危机了。这场危机撼动了世界市场，给美国留下了7 000亿美元的账单。

美国商业不是唯一出现严重问题的领域。美国的罗马天主教会（Roman Catholic Church）卷入史无前例的牧师猥亵儿童和年轻人的丑闻中。一些牧师玩弄和虐待儿童本身已经令人很震惊了，更令人震惊的是，天主教高层已经知道了这件事，却掩盖过去，通常将危险的牧师安排到新的教区，而他们在那里又会猥亵新的儿童。没有一个大型美国组织看起来是清白的，包括享有声望的常春藤盟校。2002年，普林斯顿大学员工侵入耶鲁大学的注册系统，很明显是为了从竞争对手那里偷走优秀的申请者。

丑闻也侵入到政府机构。公众要求知道，当恐怖分子用过期的签证在美国航空学校学习，为撞击美国纽约世界贸易中心和华盛顿五角大楼做准备时，中央情报局（CIA）在哪里？当中央情报局的两个特工为莫斯科从事多年间谍活动时，他们又在干什么？联邦调查局（FBI）也没有做得更好，它没能阻止2001年的恐怖袭击，以及之后致命的炭疽信件邮寄事件[①]。可能最令人震惊的还是联邦应急管理署（Federal Emergency Management Agency），没能为卡特琳娜飓风之后留在新奥尔良的最为可怜的少数居民提供服务。尸体在被洪水淹没的街道上漂流了好几天，而愚蠢的政府官员却开始互相庆贺工作完成得很漂亮。

在这个充满复杂性、流动性的国家，离开了领导者，就无法运转。

我们看到了这些事情，我们为之哀恸。但我们能做些什么呢？基于我们当前的专业和个人生活背景，我们能做些什么呢？总的来说，我们的生活比近代史上任何一代人的生活都更忙碌。由于有了无所不在的手机和其他形式的即时通信，我们已经比以往任何时候都更紧密地与工作场所联系在一起，陷入了一个多变、动荡、模糊而且几乎无法逃避的环境之中。人们做梦都想让生活变得简单轻松，但当前的环境却给了我们

① 炭疽信件邮寄事件是在美国发生的一起从2001年9月18日开始为期数周的生物恐怖袭击。从2001年9月18日开始有人把含有炭疽杆菌的信件寄给数个新闻媒体办公室以及两名民主党参议员。这个事件导致多人被感染乃至死亡。

巨大的压力。但是如果我们打算解决自己的问题,就必须先审视当前环境,更不用说社会问题了。不幸的是，想让我们看清自己的环境，其难度无异于让鱼儿看清水。

身处巨变中的世界

一切都处于变化之中。信息技术和国际竞争改变着美国商业的形式和本质。变化的人口统计特征和使用新技术确定和满足各个人口群体需要的能力改变着整个市场，到处都充满了商机。一些令人尊敬的行业，例如纸质新闻报业，处于消亡的边缘，而新的“绿色”行业每天都在展开。我们现在生活和工作在马歇尔·麦克卢汉（Marshall McLuhan）所称的“地球村”。在欧盟，国家界限不再限制人们的工作。最近几年，东欧人纷纷进入新近富裕起来的、科技水平高度发达的爱尔兰。而当爱尔兰经济开始走低时，在爱尔兰工作的波兰人又回到他们的祖国，投入到正在复兴的经济中去。美国经济也在这种潮流中。就像数百万蓝领工作在最近几十年转移到了海外一样，越来越多的白领工作也在向海外转移。一对打算在美国艾奥瓦州得梅因举行婚礼的夫妇，可以通过互联网聘请印度班加罗尔的婚礼策划师来省钱。因为可以流利地使用英语这种国际商业通用语言，东南亚的专家可以看美国的 X 光片，为美国人诊疗。即时通信和数字化社会网络在改变经济版图的同时也在改变着政治版图。因为各种不同的声音可以通过互联网在不同国家传播，各地的市场更加自由了，人也更自由了。

兼并和收购不断创造着全球特大企业，但小的、灵活的企业现在比大的传统企业创造了更多的工作机会。今天，谷歌、皮克斯和其他靠创新思维驱动的企业，它们知道创造性人才的价值，因而会积极吸收一流的大学毕业生。曾经占据主导地位的电视网络三巨头现在都被大企业拥有和控制，三家企业都在竞争越来越激烈的市场中奋力保持市场份额。有线电视网络，如 HBO、Showtime 创造了大部分最好的原创节目。越来越多的观众从其他渠道获取各种信息，如 CNN，Fox（在右边），MSNBC（在左边）和喜剧频道（Comedy Central）——今天最受信任的两个新闻主播乔恩·斯图尔特（Jon Stewart）和史蒂芬·科尔伯特（Stephen Colbert）都出自这里。因为有了电视录制技术和其他录制节目的方式，人们可以随时看到他们最喜爱的节目，而不需要坐等广告过去。这种发展撼动了靠广告生存的电视台的经济根基。

解除管制也永远地改变了航空业。新的低价航线应运而生，将泛美航空公司和其他曾经重要的运输公司驱逐出商业行列。但是 2001 年的恐怖袭击，给了航空业致命的一击。其后严格的安检程序使得乘坐飞机的吸引力比以往任何时候都低。2008 年，油价的上涨导致机票涨价，航空计划削减，并强制征收燃油附加税和行李检查费。为了避免交通成本的急剧上升，越来越多的公司转向新的电话会议技术，这给困境中的航空业带来了更大的财务压力。

美国的人口老龄化正在改变其经济，甚至文化，而他们才刚刚察觉到这种变化。美国人口还在发生其他方面的变化。拉美裔在美国生活中发挥着越来越大的影响，在奥巴马当选总统的过程中，拉美裔选民所发挥的作用就是一种体现。全球化正在从方方面面塑造着美国的生活。美国公司曾经一度占据美国市场和大部分欧洲市场，但在今天，美国出版行业和其他大部分行业为欧洲人所拥有。随着欧盟开始发挥集体影响力，这种趋势可能会持续下去。得益于国家贸易壁垒的消除和通用货币——欧元的使用，欧洲国家将越来越多地进行商业合作。中国将对美国产生巨大的影响，因为它持有美国数万亿美元的债券。中国对美国的影响是多方面的。中国曾经是个出口国家，但现在是拥有十几亿人口的世界商品市场。它的快速现代化导致全球水泥和钢铁的短缺。同时，中国、印度和其他上升中的巨人都是全球著名的面临“生存与死亡”问题的国家，即世界是否能找到一种解决发展需求与限制温室气体二者之间冲突的道路。这些全球性变化的一个结果就是华尔街，这个曾经引人瞩目的焦点，现在成了很多金融中心中的一个。造成这个结果的不可预知的力量包括海外投资者、汇率变动和美国公众对华尔街所说和所做的越来越不信任。

这种新的秩序如此疯狂地发展着，让人无法等闲视之。前所罗门美邦公司（Salomon Smith Barney）分析员朱利叶斯·马尔德提斯（Julius Maldutis）在几年前就捕捉到了这种疯狂，他曾说：“我有充分证据，德尔塔（Deltal）航空正在购买东方航空，东方航空正在购买泛美航空。泛美航空确实在追逐美联航空，它拥有美联航空所有的现金，前美国航空公司首席执行官鲍勃·克兰多尔（Bob Crandall）一直保持着魔鬼般的沉默，他准备在与飞行员达成协议之后，为整个行业设定一个报价。而且，我今天早上与美国大陆航空公司前CEO弗兰克·洛伦佐（Frank Lorenzo）进行了交谈，他很确定地说他接下来的目标是秘鲁和玻利维亚，他计划兼并成本最低国家的航空公司。”这些航空公司中的两家的消逝只是强调了这一点。

最近几十年，商业世界发生了一系列重大变化。还记得40年前未来学家的推测吗？尽管当时语出惊人，但是没有人预见到日本会在一段时间内对美国经济产生如此深远的影响。20世纪80年代的大部分时间，日本—— 一个遥远的、过度拥挤的岛国，缺乏基础性资源，遭到第二次世界大战重创，曾以生产舢板闻名，却让美国的经济地位摇摇欲坠。我们开始质疑我们所吹嘘的知识，质疑我们是世界上最具创造性的国家（伟大的天才，如爱迪生和福特都诞生于此），质疑我们所声称的最强大、最成功的商业实践。我们曾经一度感到日本任何事情都比我们做得好，从设计有吸引力的新型汽车到发现保证质量的新的管理方式。日本很快在曾被我们认为是美国根本优势的商品制造和营销上胜过了我们，不仅在汽车行业，在电视机行业，甚至钢铁行业都是如此。只是后来因为日本经济低迷和美国公司对日本最佳管理实践的广泛运用，才让我们忘记了日本的经济优势曾经带给我们的自卑感。

在21世纪，很难预测下一次伟大的经济重心转移会从哪里产生。中国、印度、俄罗斯，甚至面积不大但很富裕的迪拜，都是新兴力量。大多数经济学家相信，所有的发达国家正在进入一段低速增长期。那中东经济又如何？美国人希望军队在不久的将来撤离伊拉克。但是整个世界的目光都在紧张地盯着伊朗—— 一个有核抱负、与以色列有敌对关系的国家。伊斯兰激进组织（分子）中出现的特殊暴力形式造成了西方世界的混乱，并持续影响着全球政治，中东和平依然像以往一样难以企及。

卓越领导者的匮乏

就像后面约翰·加德纳所指出的，当美国的建国之父们聚集在费城草拟宪法的时候，美国只有300万人，而起草这份非凡文件的作者中却有6位世界级领导者。华盛顿、杰弗逊、汉密尔顿、麦迪逊、亚当斯、富兰克林，是他们共同缔造了美国。今天，美国有3.04亿人，而我们很奇怪，为什么每过4年，我们总是无法为国家最高领导人找出至少两位优秀的候选人。

到底发生了什么？

如果说18世纪的美国以众多天才著称，那么19世纪的美国则以盛产冒险家、企业家、投资家、科学家、作家、创造了工业革命的巨人、推进西部开发的探险者，以及将我们定义为一个国家和一个民族的作家著称。托马斯·爱迪生，伊莱·惠特尼（Eli Whitney）、亚历山大·格拉姆·贝尔（Alexander Graham Bell）、刘易斯（Lewis）和克拉克（Clark）、霍桑（Haw thorne）、梅尔维尔（Melville）、狄金森（Dickinson）、惠特曼、马克·吐温……这些男人和女人的理想与他们大胆创建的国家是相匹配的。

20世纪的美国建立在19世纪的承诺的基础上，但是有些事情完全背道而驰。在第二次世界大战后，美国主要以政府官员和经理人、组织人，以及重建了或者正在重建中的美国公共部门和私营部门的机构和组织的精明能干的人著称。

其中也有一些亮点，包括公民权利运动和科学与技术方面的非凡成就。虽然美国在第二次世界大战后成为了世界上最富裕、最强大的国家，但到20世纪70年代中期，美国失去了它的优势。我们忘记了我们最初的目的。

20 世纪 60 年代的反抗运动，以及之后的“唯我”（Me Decade）运动，20 世纪 80 年代的雅皮士，以及之后的华尔街戈登·盖柯（Gordon Gekkos）及其对“贪婪是好的”这一哲学的信奉，所有这些都是组织人的错误和粗野行为的结果。由于不能找到公认的领袖，很多美国公民似乎宣布了他们与国家之间的独立和彼此之间的疏离。

20 世纪 60 年代发生了许多对美国有重大贡献的事件，如民权运动和女性运动，太多所谓的“突破”（breakthrough）现在却变成了“衰退”（breakdown）。我们一边谈论着自由和民主，一边践行的是许可制和等级制。人们对新理念的兴趣往往不如对食谱和标语的兴趣大。著名社会心理学家亚伯拉罕·马斯洛（Abraham Maslow）和曾担任美国心理学会主席的卡尔·罗杰斯（Carl Rogers）告诉我们，我们可以创造属于自己的现实，我们确实这样做了，但每个人都坚持以自己的方式。

在美国人的性格中，往往有个人权利和共同利益的冲突。我们喜欢和仰慕电影中约翰·韦恩（Tohn Wayne）独自一人骑着马，拿着手枪驰骋，但我们也知道除非我们连接在一起，否则马车队无法穿过平原。这种矛盾在今天比以往更加强烈。无论何时，当向上的攀升与公民福祉相背离时，我们共同的信念和理想就会越来越少。

美国的开国之父们所写的宪法建立在一个前提之下，那就是公众福祉的存在。詹姆斯·麦迪逊（James Madison）总统写道：“公共利益……伟大人民的真正福利……是我们要追求的最高目的。”

但在 20 世纪 20 年代早期，当柯立芝总统说：“美国的要紧事就是做买卖”（American’s Business is business.）时，几乎没有人不同意。公共福祉的理念被具体利益所取代，如今通常又被个人需求所取代。一些美国人的生活转变成像罗伯特·贝拉（Robert Bellah）和他的合著者在《心灵的习性》（*Habits of the Heart*）书中所描述的那样：“一种宽容的、有益健康的文化……要求我们付出艰苦的努力，让我们自己的生活区域变成一个自给自足的小王国。”

由于受到前 10 年经济不确定性的冲击，很多人隐退到他们的电子王国之中，在家工作，通过计算机和电话与外界沟通。他们通过数字辅助设备调节人际联系，从 Netflix 预定电影，在微波炉中加热泰国外卖。有些人喜欢即时通信胜于面谈。有些人喜欢虚拟世界胜于门外活生生的世界。一些人花很多时间在虚拟游戏《第二人生》（*Second Life*）中与他人的虚拟化身一起浪漫，以至于现实中的妻子要求与他离婚。很多人有两类朋友——现实中认识的朋友和 Facebook 页面上的朋友。宅居生活进入了数字时代。

美国股票市场在这个年轻的国家崩溃了两次，蒸发掉数以万亿美元的财富。但是，美国的贫富差距还是处于危险之中。美国中产阶级，曾经因为激动人心的 401（K）s 养老金投资计划而信任美国的未来和飙升的房屋净值，现在则被经济的崩溃所震惊。越来越多的人每天都担忧医疗成本的飞涨。因为害怕另一个“大萧条”时期将至，一些美国人紧抓住他们讨厌的工作，害怕他们的孩子将来上不起大学。同时，一些社会和环境问题不断出现在我们身边。贫穷和毒品上瘾让美国一个阶层永远处在社会底层，让监狱人满为患，社会门槛不断抬高。

我们的经济担忧曾经因“9 · 11”创伤而一度雪上加霜，导致几乎所有美国人重新审视他们的生活并思考他们的优先重点。在死亡阴影笼罩下的双子塔中，被困的人们给他们所爱的人打电话道别的痛苦记忆烙印在整个国家的心里。此外，还有那些普通人，虽然他们没有错，但他们对自己生活的掌控被削弱，只能是在被献祭还是自行了断之间选择，走向同样的死亡。

很多年来，美国人似乎第一次把他们自己看成是一个国家，所有人统一在对民主原则的共同忠诚下。不幸的是，这种发自内心的统一感并没有减少很多机构的疏远感。很多人越来越不相信政府的军事论调，以及不惜任何代价都要铲除伊拉克萨达姆的“邪恶轴心”的论调。很多美国人越来越不相信国家领导者，他们似乎将恐怖主义当成了一个超越宪法的借口。如艾比盖尔·亚当斯所说，巨大的痛苦通常会催生伟大的领导者，但是并非一定如此。在“9·11”以后，很多美国人都渴望领导者，就像不久之前，恐怖主义在美国如饥荒般稀少的时候一样。是的，这个国家共同经历了一场悲剧，但是这场痛苦并没有促成一个关于美国该有怎样的愿景及如何实现它的共识。我们似乎缺乏一些有足够高度、能够带给我们这个愿景的领导者。

这就是整个背景，至少在 2008 年一位预示着改变和再造希望的年轻总统当选之前是这样。这是由 18 世纪的伟人们在费城所创建的，也曾在 19 世纪被他们粗暴的继任者们拿来修饰。在政府和商业机构中，缺乏抱负的领导者和消极的追随者们常常融入一个巨大的机器，它的轮子在泥里疯狂地旋转，却根本没有挪动半步。

就像艾森豪威尔时代的特大号美国汽车一样，美国通常看起来太大、太笨拙，以至于不能良好运转，更不能对事件做出快速、机智的回应。当“9·11”令人痛苦地发生在我们面前时，当时的美国人震惊和沮丧地发现，我们的安保看起来很广泛，但其实很低效。似乎 FBI 一直在比以往更为勤勉地收集信息，却没有更新它的计算机网络，以便于人们共享、分析信息并迅速有效地做出反应。CIA 在苏联解体后没能重新改造自己，没预计到会遭受外语技能和其他能力的新威胁。安保机构经历过圈地战争的训练，但没有学会合作。甚至当重要信息流出时，可能会被某个占先的主管拦截或因某个人的日程而延误。将这些系统缺陷与认为一切万无一失的傲慢信念结合起来，灾难在所难免，无法想象它不会发生。

但是，真正的领导者能够分析这个背景，并超越它。作为电视制片人和作家，一向坚持创新的诺曼·李尔已经享受到令人惊讶的成功——无论是在财务方面还是创意方面。在交谈中，我们不仅谈到了他的生活和工作，而且也谈到了他对“我们这个时代的社会弊病”——短视的忧虑，即我们现在考虑的不是什么对这个国家重要、什么对未来最有利，而是什么可以让我从这里到那里的短期设想。这种全国上下对短期思考的执迷直接来自于商业。李尔接着说道：

> 约瑟夫·坎贝尔（Joseph Campbell）[①]曾说，在中世纪，当你走近城市时，视线会被大教堂所吸引。如今，吸引视线的是商业大楼。商业，商业，还是商业，而且它以一种逐步升级的方式变得愈发只顾眼前了……你知道，如今他们不会资助真正想要打破传统的人，不会资助创新者，因为那是有风险的——那是长期投资。

① 约瑟夫·坎贝尔是美国著名作家，神话研究的顶级学者。他创造了一系列影响力极强的神话学巨作，跨越人类学、生物学、文学、哲学、心理学、宗教学、艺术史等领域，包括《千面英雄》《追随直觉之路》《指引生命的神话》《神话的力量》，此四部著作已由湛庐文化策划，浙江人民出版社出版。——编者注

我想李尔说的没错。在当代美国，企业已经超过了电视台，成为当代美国社会的首要塑造者和鼓动者。具有讽刺意味的是，由于狂热地奉行自己所鼓吹的，它已经用沙袋砸倒了自己。在用眼前回报的诱惑抓住了这个国家的理智和情感之后，它也让自身陷入了陈腐的实践当中。在新经济熄火以及美国的 CEO 们斯文扫地之前，企业的领导者已经获得了前所未有的声望。然而，恰恰是在我们极力讨好这些企业的超级明星时，却忘了问一个至关重要的问题：**即使是在最成功的企业里，他们又能在多大程度上实践真诚的领导呢？**

那些被我们看成是领导者的人，有多少是点石成金的企业魔术师呢？他们的能力是否像他们的烹饪书籍一样虚幻呢？

理查德·费里（Richard Ferry），光辉国际猎头公司（Korn/Ferry）的共同创始人和前总裁，早在十多年以前就谈到了短视的问题，而他的评论今天看来也同样中肯：

> 在理性层面上，美国的企业界可能会说在 21 世纪取得成功需要具备什么，但是一到决策层面，所有重要的事情都围绕到下个季度的经营业绩报告了。这就是这个系统的主要驱动力。抱着这样的心态，同提高下一季度收益数字的能力相比，其他的一切都是次要的。我们是在做单调的重复。在这个国家里，激励机制是支持短期目标的。

对短期利益的追逐给了我们一幅变化世界的定格照片，妨碍我们看清楚世界正在缩小，正在变得狂热、充满敌意和雄心勃勃的真相，不仅在政治方面，在社会和经济方面也是如此。就像我们的祖先曾经挑战英国规则一样，中国、日本、韩国、斯堪的纳维亚、澳大利亚和几乎所有的欧洲国家都在挑战美国的商业规则，甚至阿拉伯国家也开始保留他们的石油。这些变化冲击着美国的优势领域——制造和市场营销。尤其是日本，它们看到了市场才是真正的战场，贸易不只是最终的武器，也是国家安全的真正资源。捷克和其他前苏联国家渴望自我的利益，并开始寻求融入欧盟。

可能因为他们的历史比我们更加古老一些，因此更圆滑，更明智。我们在亚洲和欧洲的朋友知道，政权更迭，意识形态兴衰更替，但是人类本质不变——我们的基础需要的是经济，而不是政治。

一些美国人仍然着迷于快速暴富和投机赚钱。他们还没有人知道新的底线是没有底线——没有底线，限制更少，更没逻辑。生活在这个动荡、复杂的星球上的生命不再是线性和连续的，一件事情会导致另一件事情。它是自发的、对立的、不可预料的，他们无法被归纳为整齐的模型。当我们应该质疑一切的时候，我们仍在坚持要抓住聪明、简单的答案。

著名诗人华莱士·史蒂文斯，同时也是一家保险公司的副总裁，在他的诗中很好地描述了“六种重要的风景”：

理性主义者穿着方形蝙蝠衫，
在方形房间里，思考，
看看地板，
看看天花板，
他们把自己局限于，
直角三角形。

如果他们尝试平行四边形，
圆锥体、波浪线、椭圆——
例如，椭圆的半月——
理性主义者会戴上宽檐帽。

对美国来说，是时候将方形帽子换成墨西哥宽檐帽或贝雷帽，并思考这个新的环境了。就像李尔所说的：“每个人都很重要……在这个国家，每个公民都很重要。”

现在，对领导者来说，机会是无限的，挑战也同样是无穷的。我们当中并不缺乏像任何一代领导者一样聪明、能干、富有创新精神的精英，但通向最高层的途径却比以往任何时候都更艰难、更微妙，而且最高层本身也变得比以往任何时候都不稳定、不可靠了。但是，迈向最高层不是唯一的目标，今天的领导者常常定期地彻底再造自己，以便攀登新的高峰。

要成为一个领导者，首先就要认清当前环境的实质：是破坏者而非创造者，是陷阱而非发射台，是终结而非开始；同时，宣布你与它们一刀两断。

透过镜子来看，我们至少已经处在天下大乱的半途。而且，尽管环境是高度易变的，但是只要主要的参与者受它驱使，就像对水视而不见的鱼儿一样在其中漫不经心地游动，那么它就不太可能发生任何根本性的变化。换句话说，当前的环境有能力保持自身的存在，因为它已经以自己的方式创造了整整一代管理者。

正如我们最近所发现的，太多的首席执行官变成了老板而不是领导者，而且正是这些老板们让美国陷入了当前的困境。更加讽刺的是，他们就像如今的公司丑闻一样是环境的产物。他们是环境的完美体现——受驱使、有干劲，却一事无成。

因此，要成为一个领导者，首先就要认清当前环境的实质：**是破坏者而非创造者，是陷阱而非发射台，是终结而非开始；同时，宣布你与它们一刀两断。**

向环境臣服的埃德

在描述了环境之后，我很想跳过这一步，直接去谈战胜环境的那些人。成功总比失败更让人开心——不管是写成功的故事，还是成功的人。此外，人人都认识一些生活中的失败者。但是，从失败中学习是本书最重要的主题之一，我们会再三回到这个主题上来，所以，我认为我们需要先看一个未能摆脱困境的实例来了解失败原因。我把故事的主人公称为埃德。

埃德出生于纽约市布鲁克林区的一个员工家庭，聪明、有抱负，决心要成为一位成功者。高中一毕业，他进了一家工厂，并报名上了夜校。通过不懈努力，他获得了会计学位。他从这家工厂的车间基层员工起步，升入了管理层。短短几年，他的职位不断上升，将很多 MBA 甩在后面。他向人们证明了他，不仅工作勤奋、雄心勃勃，而且还是一个有才能的人。高效、能干、强硬的他终于当上了副总裁。

埃德爱厂如家，所有人都这么说。他熟悉所有的运营，知道怎么让它运营得更好，在必要的时候，他会毫不留情地裁掉那些不可栽培的差员工。他不是一个容易伺候的上司，但恰恰是他的老板们喜欢的那种人（毫不奇怪，这家公司里的大多数高管都是男性）。他对公司忠心耿耿，是一个工作狂，总是愿意和渴望做些自己分外的工作，而且不能容忍任何一个不如他努力的人。

埃德的能力加上他的干劲和强硬，让他成为20世纪80年代和90年代的一个完美高管。看着正在工作的他，没有人会想到他是在布鲁克林的贫困街区长大的，也不会想到他是从夜校毕业的。

事实上，他自己也快把这些忘了。他的言谈举止和着装穿戴就像他的老板们一样。他有一个漂亮、忠实的妻子，她的言谈举上和着装打扮也像老板们的妻子一样，两个儿子英俊、表现良好，在威彻斯特郡（Westchester）有一栋大房子。他还打得一手漂亮的高尔夫球，有着似锦的前程——如果他想跳槽的话。这家公司的总裁50岁出头，与埃德年纪相仿，似乎还没有想过要让贤退位。

就在埃德开始感到不满足的时候，同一行业中的一个家族公司正在寻找新的领导人。这家公司的首席执行官是创始人的孙子，正在考虑退休，但当时还没有找到满意的接班人。他想先找个新人来当副总裁，慢慢地考察他，如果他干得不错，就在两三年内把公司交给他。尽管这家公司在明尼阿波利斯市，但猎头公司找到了身在纽约的埃德。埃德把这次跳槽看成是晋升到最高职位的捷径。

像处理其他事情一样，埃德迅速地完成了跳槽。他的家搬进了伊代纳市（Edina）一栋更大、更豪华的房子里，他自己则有了一间看得到湖上风景的办公室，而且他似乎已经顺利地适应了中西部的慢节奏。

但是，如果说有什么变化的话，那就是他变得比以前更粗暴了，时常不留情面地训斥那些未能让他满意的人。办公楼里一些同事私下里拿他开玩笑，给他起了个“布鲁克林轰炸机”的外号，但是，他说什么，他们就得立即干什么。

当埃德在明尼阿波利斯工作大约一年之后，首席执行官巴克斯特（Baxter）请他吃午饭并提出让他担任CEO。埃德很高兴，但并不感到惊讶。没有谁比他更勤奋，比他更了解这家公司，比他更应该得到这个职位。现在，这架“轰炸机”可以自由地飞了。巴克斯特和埃德两人组成了一个优秀的团队。巴克斯特和蔼可亲，善于鼓励他人，他指引着公司的方向；埃德则比以往更加强硬，他处理公司的具体细节，以及那些不太阳光的事。

巴克斯特认定埃德就是接替自己的最佳人选，他向整个家族——也就是公司的董事会宣布了这一决定。这时埃德平生第一次碰到了过不去的坎。家族董事会的有些成员对巴克斯特说，埃德太强硬，对同事太粗暴，除非埃德改善自己的“人际能力”，否则他们不会批准他的任命。

对一个领导者来说，把事做正确是不够的，他必须做正确的事。

巴克斯特把这个坏消息告诉了埃德。埃德有些心烦意乱，巴克斯特也一样。巴克斯特已经准备退休了，更何况，他已经把埃德选为继任者，并且开始培养他为CEO职位做准备。现在，他有条不紊的计划落空了。在这时，他给一个朋友打去电话，这个朋友建议他请我来当顾问。在简要介绍了他的两难处境之后，巴克斯特问我是否愿意与埃德合作，帮助他改善人际能力。他说，只要能确保首席执行官的职位，埃德什么都愿意做。

在经过多次交流并认真考虑过之后，我同意了。虽然我有所保留，但这的确是一项有趣的任务；而且，我在明尼阿波利斯也正好有很多其他事情需要处理，所以，此行并不会过多地影响我的安排。尽管如此，我还是怀疑是否有人能够影响一个55岁成年人的基本品格。

当我前往明尼阿波利斯时，见到了埃德。我花了几天时间跟着他，观察他所做的每一件事情，以及做事的方式。随后，我约见了每一位与埃德共事的人，并要求埃德接受了一系列的品格测试。

当然，这当中每个人都是有私心的。急于退休的巴克斯特希望继任者能尽快就任；反对的董事会成员想要摆脱这种艰难的处境；我必须实现这一点，不管我能否成功地改变埃德；埃德想得到这个职位，除了合作别无选择。

不久之后，事实已经变得很清楚了：关于埃德，各方的说法都是真实的。他非常有能力、有抱负，但他也是一个专横的人。他很冲动，常常对下属口出恶言。在他面前，下属们连大气都不敢出。他对人和事有强烈的控制欲。他不会感谢任何工作出色的人——他甚至不会赞扬他人。而且，他还是一个大男子主义者。

埃德以他处理问题的一贯方式来应对这件事情——调动一切资源，全力以赴。在我与他合作的过程中，他变得更容易相处了。他努力让自己粗暴尖刻的言语变得温和圆滑。随着像调整公司那样调整自己，他变得不那么粗暴了，对人更加客气了。这是好消息。

坏消息是，尽管埃德付出了努力，与他共事的人们仍旧对他抱有戒心。他们就是不信任“新”埃德。董事会仍旧存在意见分歧。喜欢“旧”埃德及其务实哲学的董事会成员，被他变得温和的态度弄得有些不知所措；原本就反对埃德晋升的那些成员，如今则在他的身上找出了新的缺点。他们认为，尽管他有干劲、有能力，但他缺乏愿景而且品格存在缺陷。

我也认为，对一个领导者来说，品格就像驱动力和能力一样至关重要，所以我不得不同意他们的说法。而且，品格是我无法帮助埃德找回的东西——他必须靠自己。正如我以前说过的，**对一个领导者来说，把事做正确是不够的，他必须做正确的事。**此外，一个没有愿景的领导者也不是一个真正的领导者。我丝毫不怀疑埃德能够经营这家公司，但我严重怀疑他会把公司带往何处。

对一个领导者来说，品格就像驱动力和能力一样至关重要。

我告诉了埃德我的看法，尽管他的进步给我留下了深刻的印象，我却不能推荐他接任首席执行官，我向巴克斯特和董事会提交了报告。我发现，巴克斯特实际上已经解脱出来了。尽管他需要一个像埃德这样的人来帮助他经营公司，但他认识到董事会是正确的：历经家族三代人的努力，如今这个公司正处于危险之中，他们根本不可能把它交给埃德。巴克斯特只好继续留任，埃德也仍旧担任原来的职位，直到公司又给巴克斯特找到了一个继任者。随后，巴克斯特退休了，埃德也辞职了。

当然，如果这是电影的话，埃德最后会得到那个职位。但是，现实生活不是电影，英雄和恶棍并不那么容易辨认。

事实上，我认为埃德既不是英雄，也不是恶棍。他是一个受害者，一个认为靠自我奋斗就可以获得成功的人。实际上，他是在错误的公司文化中模仿错误的榜样塑造了自己。

在进入商界之前，他是一个出身贫寒的街头小子，但坚强的他下定决心要有所成就。他雄心勃勃而且勤奋刻苦。但是最终，他不过是盛行的时代风气的又一个产物。不管他可能有过怎样的品格和愿景，它们都已渐渐萎缩并消退了。

埃德可能学习过怎样当领导。毫无疑问，当他开始在工厂工作时，对人生充满了希望和热情。但是后来，他透过镜子看到了一个弱肉强食、相互倾轧的世界，在这个世界里，人们靠证明自己获得回报，而非真诚地表现自己。为了证明自己是这个系统的理想仆从，埃德从来就没有充分地展现自己——他任由上司来使用自己。上司驱使他，他驱使他人——他已经变成了一个理想的老板。在看重愿景和品格的公司里，他无法让自己适应新的风气。

在后来继续思考这个问题时，我意识到，那家公司的董事会实际上关注的是 5 个方面的能力：

- 专业能力（technical competence）（埃德具备）
- 人际能力（people skills）

- 概念能力（conceptual skills）（意味着想象力和创造力）
- 判断力和鉴赏力（judgment and taste）
- 品格（character）

他们之所以反对埃德接任首席执行官，并不像他们最初对我说的那样仅仅因为他缺乏人际能力。因此，即使埃德努力改善了自己的人际能力，也不可能让那些反对者转而支持他。他们怀疑他的判断力和品格。他们觉得不能信任他。

这是一个“失败者受重用”的时代，所以，埃德现在是亚特兰大一家著名制造公司的董事长兼首席执行官。这家制造公司的遴选委员会不仅看到了埃德在具体细节方面的成功，而且还把巴克斯特的成就也归功于他——包括开发新的产品，保持他们在服务和质量方面拥有的令业界羡慕的声誉。不幸的是，当埃德把新公司的所有细节都做到了极致，但却未能开发出新的产品或创造新的营业收入时，他可能会发现这种环境的无情——除非他能从自己的失败中汲取教训，开始踏上回归自我的艰难历程。我没能发现这一点，因为他已经不再回我的电话了。

我们都认识埃德这样的人——事实上，他们是经常的选择而不是例外。但是正如你将看到的，人们可以推翻这些经常的选择并战胜环境，以埃德们只能想象的方式取得成功。

驾驭环境的李尔

我选择了诺曼·李尔来强调埃德未能成功的原因。

李尔是在所谓的黄金时代进入电视行业的。此前，他是一个喜剧作家，主创并执导了很多知名的电视节目。1959年，李尔和著名导演巴德·约金（Bud Yorkin）创立了坦德姆影视制作公司（Tandem Productions），与弗雷德·阿斯泰尔（Fred Astaire）、杰克·本尼（Jack Benny）、丹尼·凯（Danny Kaye）、卡罗尔·钱宁（Carol Channing）和亨利·方达（Henry Fonda）等大明星合作，制作和包装了很多电视专题节目。他们还制作了很多故事片，其中包括《吹响你的号角》（*Come Blow Your Horn*）、《一脱倾城》（*The Night They Raided Minsky's*）、《没有我的革命》（*Start the Revolution Without Me*）和《戒烟奇谈》（*Cold Turkey*）。李尔原创的电影剧本《美国式离婚》（*Divorce: American Style*）获得了1967年的奥斯卡奖提名。从任何方面来说，李尔都是一个成功者。1971年，他和他的公司又向前迈进了一大步，推出了具有划时代意义的电视系列剧《四海一家》（*All in the Family*）。这部塑造了令人难忘的亚奇·邦克（Archie Bunker）的系列剧，以及他们后来推出的《桑福德父子》（*Sanford and Son*）、《莫德》（*Maude*）、《杰弗逊一家》（*The Jeffersons*）、《珍惜每一天》（*One Day at a Time*）和《玛丽·哈特曼逸事》（*Mary Hartman, Mary Hartman*）等系列剧，给电视业带来一场彻底的革命，并让美国人在欢笑中重新进行敏锐的自我审视。

才华横溢的剧作家帕迪·查耶夫斯基（Paddy Chayefsky）曾说：

> 诺曼·李尔让电视摆脱了呆笨的妻子们和沉默寡言的父亲们，摆脱了让电视乱成一锅粥的皮条客、妓女、骗子、私家侦探、吸毒者、牛仔和偷马贼，用普通的美国民众取代了他们……他让观众进入了自己的世界。

没有人对电视业发展的贡献比李尔大。他的节目不仅是成功的，而且不怕引起争议，关注了一些堕胎、歧视等当时令人忌讳的主题。但是在最开始，没有哪家电视台愿意播放《四海一家》。美国广播公司拒绝了，哥伦比亚广播公司勉强播放了，但一开始几乎没人看。幸运的是，哥伦比亚广播公司挺住了。李尔不仅驾驭了环境，而且还彻底改变了环境。

在1971~1982年的连续11年中，每年都至少有一部李尔的情景喜剧排在所有黄金时段节目的前十位。在1974~1975年，排名前十位的节目中有5部是李尔的。在1986年11月，电视网辛迪加排名前九位的情景喜剧中有5部是李尔的。在李尔的所有试播节目中，将近60%最后作为系列节目售出了——这个比例是业内平均水平的两倍。在他所有的网内系列剧中，有超过1/3后来又成了电视网辛迪加热卖的节目——是业内平均水平的3倍。

李尔充满创新和冒险特征的职业生涯，充分证明了创新和冒险的价值，因为他不仅是一个富有创造力的奇才，而且也是一个财务天才。但是，当美国作家协会在1988年3月发动罢工时，这个给整个行业带来革命性影响的人，这个亿万富翁，这个通信先驱和领导者，却走在了罢工游行队伍的前列并且爱上了这种活动。

倾听内心的声音，信赖内心的声音，是领导者最重要的功课之一。

作为作家、制片人、商人和民权活动家以及美国式公民组织（一个支持公民权利和自由的基金会）的联合创始人，李尔已经取得了辉煌的成就。总统候选人以及其他政治家会征求他的建议。而且，他还在继续以其他方式为美国的公众生活作出贡献。2000 年，他与互联网企业家戴维·海登（David Hayden）一起以创纪录的 740 万美元买下了《独立宣言》的原件，并且宣布将让公众都能够看到和利用它。李尔还捐出 500 多万美元在南加州大学创建了一所多学科的研究中心，用来研究“娱乐、商业和社会”的影响和意义。这所新的诺曼·李尔中心将进行学术研究并影响公共政策。

李尔的故事是得到彰显的美国梦，是不折不扣的小说家霍雷肖·阿尔杰（Horatio Alger）笔下的情节，除了他没有与老板的女儿结婚。白手起家的他已经变得非常富有、著名和有影响力。毫无疑问，李尔的人生就是电视和电影的好素材，他的成就证明了完整的自我展现的效力。

ON BECOMING A LEADER 领导力智慧

WARREN BENNIS

成功驾驭环境的 4 个阶段

1. 自我表现（becoming self-expressive）。
2. 听从内心的声音（listening to the inner voice）。
3. 向正确的导师学习（learning from the right mentors）。
4. 投身于一个明确的愿景（giving oneself over to a guiding vision）。

在李尔的故事中，这 4 个成功驾驭环境的阶段都得到了体现。他给我讲述了在高中时代，爱默生的散文《论自立》（*Self-Reliance*）对他产生了怎样深远的影响：

> 爱默生说要倾听内心的声音，与它同行，别去理会所有反对的声音。我不知道自己从何时开始理解那种声音中存在的某种神性……与那种声音同行，这是我们拥有的最纯净、最真实的东

西——当然我得承认，并不是总能做到。而且，当我们放弃了自己的思想和信念时，它们最终会从他人的口中回到我们这里。它们会带着一种陌生的威严归来……所以，应该汲取的教训是，你要相信它。当我听从那种内心的声音时，那就是我最有力量的时候。

倾听内心的声音，信赖内心的声音，是领导者最重要的功课之一。它实在太重要了，我会在后面拿出一章的篇幅来专门讨论它。

李尔还谈到了一些对他的人生产生影响的人。

我的祖父很早就已经让我明白，我能够影响世界。我在9~12岁的这段时间与祖父生活在一起，他是一个以写信为乐的人，对他写的每一封信，我都是一个着迷的听众。“我最亲爱的总统先生，请别去理会那些说三道四的人。”或者，要是他不同意总统的言行，信就会这样写：“我最亲爱的总统先生，你绝对不应该做什么。”每天我都会兴冲冲地跑下四段楼梯，到黄铜信箱中取信。偶尔，年纪尚小的我会惊讶得险些停止心跳，因为我看见信箱中有一个不大的白色信封，上面写着“白宫”。我简直不敢相信自己的眼睛，白宫竟然会给他回信。

我父亲的衣兜里和帽檐上总有很多小纸条，那就是他的生活方式。他总是插手太多自己应付不过来的事情，他从来就没有有效组织过自己的工作。所以，我想他是从反面让我学会了要做好准备，脚踏实地。他是一个总认为自己会在下个星期内就拥有一百万美元的人，当然他的梦想从来没有变成过现实。但是，他却从来没有放弃这个梦想。就像于洛先生一样，他躬着腰，探着头，投入到生活中。

和他父亲一样，李尔也从来没有放弃信念，他也是一头扎进了生活之中。他告诉我：

> 首先，你要找到真实的自己，要做你自己，不要失去自我……对我们来说，要做自己是非常艰难的，因为那看起来不是任何人希望的。

但是，就像李尔已经证明的那样，那是让我们真正实现飞跃的唯一路径。

在李尔的心中，他有一个坚定的信念和明确的愿景，坚信自己能够有一番作为。那个愿景让他能够驾驭电视业的环境——原本在这个行业里，制作人为了生存，往往只能让自己变得和他人一样，抄袭或模仿上一个播出季热门的节目，播放能够被大多数人接受、最不容易引起反对的节目。李尔不仅登上了电视业的顶峰，而且雄踞全美长达20多年——在这个行业里，5年就算是一段漫长的职业生涯了。他靠制作原创性节目做到了；同苍白的竞争者相比，他的节目显得是那么鲜活多彩。当他的节目没有立刻热播时，他独自承受他人的非议和指责。多亏李尔的成功，其他有价值的节目才有了第二次机会：毫不夸张地说，如果没有李尔和他的《四海一家》，如今的电视业就不会播出像《我为喜剧狂》（*30 Rock*）、《明星伙伴》（*Entourage*）和《嗜血法医》（*Dexter*）等受到观众追捧的开创性节目。

当然，李尔是一个极端。他超越了环境的制约，创造了新的环境，我们很少有人能够与他并驾齐驱。但是，各行各业中都有像李尔这样驾驭环境的人。世界艾滋病研究先驱者玛蒂尔德·克里姆（Mathilde Krim）

博士曾说：

> 我几乎无法忍受组织机构的限制。组织机构应该为人服务，但不幸的是，情况往往正相反。人们效忠于某个组织，他们变成了习惯、惯例和规则的囚徒，最终变得无所作为。

如果我们大多数人都像埃德一样成为环境的傀儡，习惯、惯例和规则的囚徒，那么我们就必须向李尔学习，向那些不仅挑战和征服环境，而且还彻底改变环境的人学习。要实现这种改变，第一步就要拒绝他人的摆布，施展自己的才干。这样，改变就开始了。

"

WARREN BENNIS

THE LEADERSHIP CLASSIC

真正的领导者不是天生的，而是后天造就的，

并且通常是自我造就的。

领导者用培养品格和愿景的方式创造自己。

一个人天赋的充分施展和投入，

可以确保他成为原创作品而不是一件复制品。

所以，要成为领导者，

你必须要成为你自己，

成为自己人生的创造者。

"

ON BECOMING A LEADER

02 理解领导力

当回顾领导理论走过的历程时，我们发现了特质理论、伟人理论、情境理论、领导风格理论、职能领导理论，以及无领导的领导理论等，更不用说还有官僚领导理论、魅力领导理论、群体中心领导理论、现实中心领导理论、目标领导理论等等。在这个领域里，辩证思考和对立思考，几乎可以比得上分娩过程中的迂回曲折；正如格特鲁德·斯泰因（Gertrude Stein）的诗句所说："最好的追随者，才是最好的领导者。"

——《管理科学季刊》

To become a leader, then, you must become yourself, become the maker of your own life.

要成为领导者，你必须要成为你自己，成为自己人生的创造者。

领导者长相各异、性情多样——高矮胖瘦，整洁邋遢，年轻年迈，男性女性。尽管如此，他们几乎全都具备以下的某些或全部要素。

第一个要素是指引性的愿景（Guiding Vision）。领导者非常清楚自己在职业和个人生活方面想做什么，以及在遇到挫折甚至是失败时坚持下去的优势是什么。除非你清楚自己正在去哪里和为什么去，否则你就不可能到达目的地。诺曼·李尔的例子绝好地证明了指引性愿景的重要性。

第二个要素是激情（Passion）——对人生希望的内在激情，加上对职业、专业、行为方式的非同寻常的激情。领导者热爱自己的事业，喜欢投入其中。托尔斯泰曾说："希望是清醒者的梦！没有希望，我们就无法生存，更不用说进步了。"充满激情的领导者带给人们希望和鼓舞。这个要素带着不同的含义出现——有时候表现为狂热，尤其是在第 8 章"赢得人们"中所谈论的那样。

第三个要素是正直（Integrity）。我认为正直有三个不可或缺的组成部分：自知之明、坦诚、成熟。

自知之明是我们任何一个人面对的最艰巨的任务。“认识你自己”，这是刻在希腊德尔斐的阿波罗神庙上的铭文。但是，除非我们真正地了解自己，认清自己的优点和缺点，清楚想做什么以及为什么要去做，否则除了在最表面的意义上，我们不可能取得任何真正的成功。领导者从不对自己撒谎，尤其是关于自己的事情；他们了解自己的优点和缺点并直面自己的缺点。我们是自己的原材料，如果我们知道自己由什么构成，以及想利用自己来创造什么，那么就能够再造自己。

坦诚是自知之明的关键。坦诚基于真实的思想和行动，是对原则坚定的忠诚，是一种基本的完整性和健全性。一位建筑师如果设计了带有维多利亚式穹顶的包豪斯式建筑，那么他就缺乏专业上的正直，就像任何一个为了取悦他人而放弃自己原则的人。正如美国著名剧作家莉莲·赫尔曼（Lillian Hellnan）一样，领导者不能违背自己的良心去迎合时尚。

成熟对领导者来说非常重要，领导工作不仅仅是指明道路或发号施令。每一位领导者都需要在追随中积累经验和获得成长，学会专注、敏锐，能够与他人合作并向他人学习，从不卑躬屈膝，总是充满真诚。只有自身具备了这些品质之后，领导者才能够鼓舞他人。

第四个要素是信任（trust）。正直是信任的基础。与其说信任是领导的一个要素，不如说它是领导的产物。信任是一种无法获取、必须赢得的品质。它是同事和追随者给予的，如果没有它，领导者就无法行使职责。在第 8 章“赢得人们”中，我将更详细地讨论信任。

第五、六个要素是好奇心和勇气。领导者对一切都感到好奇，想尽可能学习更多；他们乐于冒险，尝试新事物。他们不怕失败和犯错误，因为他们知道自己将从失败和错误中学习。从逆境中学习，这个主题也将反复出现在本书中，而且往往带有不同的含义。实际上，可以说上述每一个基本要素都是如此。

谈论领导者的基本要素，我并不是在谈论那些天生的、无法改变的品质。正如无数遭到废黜的君主和倒霉的财产继承人能够证明的那样，真正的领导者不是天生的，而是后天造就的，并且通常是自我造就的。领导者创造自己。顺便说一句，他们也不像很多领导理论的代言人声称的那样，是在某一次周末研讨班上造就的。我把那种说法叫作微波炉理论：**放进去一个普通人，60 秒后就“嘭”地一下蹦出了一个领导者。**

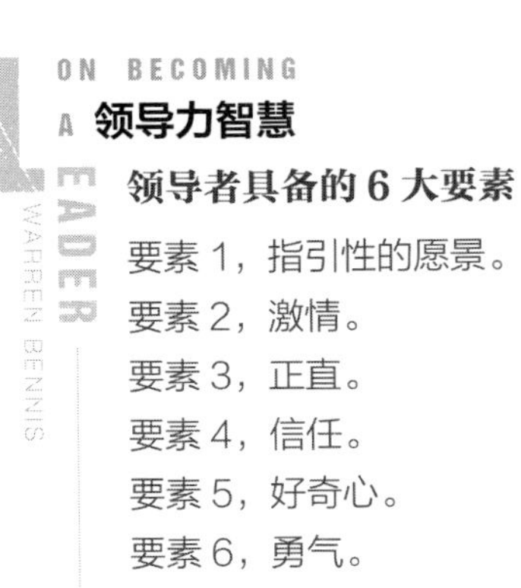

领导力智慧

领导者具备的 6 大要素

要素 1，指引性的愿景。
要素 2，激情。
要素 3，正直。
要素 4，信任。
要素 5，好奇心。
要素 6，勇气。

每年，组织投入数十亿美元培养领导者。很多大公司都提供领导培训课程。尽管如此，美国的企业界却已经失去了它在世界市场上的领导地位。**我认为，靠机遇、环境、勇气和意志造就的领导者，要比所有领导培训课程加在一起造就的领导者多得多。**领导培训课程只能教授技巧，它们不能教授品格或愿景。实际上，它们甚至根本不去尝试。**领导者创造自己的方式就是培养品格和愿景。**

领导者不是天生的而是自我造就的

大萧条是一个“熔炉”，把富兰克林·罗斯福从政治家锻造成领导者。罗斯福辞世后，哈里·杜鲁门继任了总统，让他成为一位领导者的是绝对的勇气。共和党的党魁们低估了美国唯一的五星上将德怀特·艾森豪威尔，他们只看到了他那动人的微笑，但事实上，他是独立自主的，是一位真正的领导者。约翰·肯尼迪能够入主白宫，芝加哥市长理查德·戴利（Richard Daley）等一批政治家的确给予了很大的帮助，但是他能在那里闪耀光芒靠的却是自己。不管你是否喜欢他们，罗斯福、杜鲁门、艾森豪威尔和肯尼迪都是真正的领导者。

杜鲁门从来没有把自己看成领导者，当他成为美国总统的那一刻，他自己大概和其他人一样感到惊讶。艾森豪威尔是一名优秀的士兵，幸运的是有一批优秀的士兵相伴，成就了他的军事和政治辉煌。富有魅力的富家子弟罗斯福和肯尼迪是他们所在阶级的背叛者，但却是人们的英雄。他们每个人都是自己的造物主：杜鲁门和艾森豪威尔是典型的从乡镇男孩迈上权力之巅的代表；罗斯福和肯尼迪受到雄心勃勃和强权的父母驱使，伴随着世俗与传统，再造了他们自己和这个世界。

当然，自我造就并不是全部。林登·约翰逊、理查德·尼克松、吉米·卡特也可以被称作自我造就的领导者，但他们却没有赢得我们的心，或者吸引我们，他们作为国家领导者最终是失败的。

这三位总统都很有能力，但是他们的抱负超越了他们的才干。约翰逊希望造就一个伟大的社会，却制造了一场糟糕的战争。尼克松更希望统治我们而不是领导我们。除了白宫，卡特的目标从不明晰。在每一位的个案中，他们的思维似乎都是封闭的——至少是对我们，也许对他们自己也是如此。不管怎样，他们的愿景都未能清晰地表达和实现。每个人都说一套做一套，似乎把美国人民看作是敌人。当我们质疑越南战争时，约翰逊怀疑我们的忠诚；尼克松搞了一个敌人名单；卡特指责我们有病。

作为美国总统，约翰逊、尼克松、卡特更多的是被动而非主动，美国人似乎都被自己的影子所限制。他们充满焦虑，他们更多的是被早年的匮乏而非后来的成功所塑造。因此，他们未能再造自我，他们是被时代所造就。

当基辛格被问到，从肯尼迪到杜鲁门等，他从共事过的伟大总统那里学到了什么时，他说：“总统们通过关注自己的可能性，而不是自己的局限来做伟大的事情。”他们面向未来，走在时代的前列。

罗斯福和肯尼迪进行了自我造就，因而变得独立而自由，约翰逊和尼克松却墨守陈规，尽管他们已经远离他们寒微的出身，地位也今非昔比。罗斯福、杜鲁门、艾森豪威尔和肯尼迪通过再造自我，从而重塑了未来。约翰逊和尼克松则因循守旧，把过去的经验生搬硬套到现在，从而让未来笼罩在迷雾中。**优秀的领导者参与世界，糟糕的领导者则陷入世界的迷阵，或者只是浅尝辄止。**

吉米·卡特在他的总统任期内从来没有过什么独特的举动，却能够把自己再造为一个国际和平缔造者。他在1980年再次参加竞选是必然的，因为美国的人质还留在伊拉克，后来他在狂热的基督教徒的影响下落选。他不可动摇的信念更适合国际和平大使而不是美国总统的职业生涯。卡特成为了一个鼓舞人心的象征，让人们知道，一个前任总统或任何曾经执掌大权后又失去权力的人，仍然可以创造成就。卡特和他的妻子一起，在仁爱家园为穷人修筑房屋。任何时候，只要卡特感到有人需要他，他都会不远万里飞过去，监督问题地区的选举，维护人权。有些人把他的努力看作天真的表现，但更多人认为，这是真诚的道德领导者的体现。正因为这些表现，他获得了 2002 年的诺贝尔和平奖。

ON BECOMING A 领导力箴言 LEADER

优秀的领导者参与世界，糟糕的领导者则陷入世界的迷阵，或者只是浅尝辄止。

1981 年卡特下台后，白宫出现了几位自我造就的总统，如里根和克林顿，也出现了几位美国贵族，如老布什和他的儿子小布什。首位来自好莱坞的总统，曾任演员的里根向人们展示出，领导在很大程度上是一种表演艺术。他被称为“特氟隆总统”，很大程度上是因为他的胜利姿态，即便是在面对“伊朗门”丑闻的时候，以及很明显由里根经济政策导致的 1987 年 10 月 19 日的股市暴跌的时候，他也保持了这样的姿态。里根的和蔼可亲是不是发自内心的，我们无从知晓。但是，他是一位自我创造的成功典范，他以真诚而不做作的形象，成为近年来最受欢迎的总统。

相比罗斯福和肯尼迪，老布什是一位较小范围内的美国贵族。他和里根是美国总统中最后一代经历了第二次世界大战严酷考验的人。当时他是一位年轻英俊的飞行员。在他发动针对伊拉克萨达姆政权的“沙漠风暴”战争期间，他获得了民调历史上几乎是最高的支持率。也是在老布什任职期间，苏联解体。但是，老布什最终因为不能远离自己的贵族出身而导致支持率下降。1992 年将克林顿送入白宫的团队最津津乐道的是，美国公众永远不会忘记老布什满眼疑惑地盯着一个超市电子扫描仪的形象。选民可以原谅你上的高中是菲利普斯，但不会原谅你连中下层民众是如何购物的都不知道。

由酒鬼继父抚养长大的孤儿克林顿是一位杰出的自我造就人士。他通过让选民相信一个叫作“希望”的地方（这是他在阿肯色州的出生地，是一个比小说还要神奇的地方），在1992年成功竞选为总统。克林顿拥有智慧、魅力和建立共识的能力，这些足以让他成为历史上最伟大的总统。他只有一样是欠缺的，那就是所有伟大的领导者都具备的道德原则。克林顿的故事有一种经典悲剧的感觉，一位英雄因为自身致命的缺陷而被打倒。尽管在他的两个任期内，保守党矢志不渝地对他进行追踪，但他还是领导了一个经济繁荣的时期。这种繁荣是由美国高歌猛进的新经济带动的，在美国历史上是史无前例的。他最终遭到弹劾，并被宣布无罪，被指控的罪名包括在莱温斯基丑闻事件中作伪证。

克林顿在挫折中复原的能力，为他赢得了“回归的孩子”的昵称。克林顿能否像卡特一样，在卸任后重新造就自己，时间会告诉我们答案。当然，克林顿具备这样做的天赋和动力。但他是否具备必要的正直—— 一种超越传统礼节观点的品质，还有待观察。

如今判断乔治·布什的两届任期究竟出了什么问题，众说纷纭。心理学的分析倾向于从小布什对他那强势父亲的矛盾感情中找答案。但没有足够的心理学可以解释，小布什为何能够让美国的总统选举达到前所未有的不透明状态，摒弃了这个国家最珍贵的某些原则。当小布什第一次当选时，人们还希望他经历一次莎士比亚式的转变，成长为一名真正的总统——从一位喜好玩乐、得克萨斯风格的哈尔亲王转变为美国的亨利五世。而这根本是不可能的，整个国家为此饱受折磨。

与克林顿一样，小布什代表了新一代的领导者，他们没有经受过第二次世界大战的严酷考验，而是从更为模糊的20世纪60年代到70年代早期的试练场中成长起来的，经历了性、毒品、摇滚和对权威的不信任。巴拉克·奥巴马划时代地当选为总统，标志着另一个代际更迭的开始。保守党评论员戴维·布鲁克斯（David Brocks）指出，奥巴马是“20世纪60年代的孩子的孩子”。布鲁克斯把婴儿潮之后出生的奥巴马支持者称为“温和的一代”。这也是在不安中成长起来的一代人。奥巴马是不是一个真正的转型者，时间会告诉我们。但是，在他冷静而激动人心的获胜演讲中，他明确表示，他将是美国人的总统，也将是世界的公民。他承诺将实行联合执政，吸纳共和党人参政。他谈到在国家面临重大挑战时，需要作出牺牲。作为一个以“我们行”为口号的沉稳、从容的总统，奥巴马激励了年轻的选民，这是自肯尼迪以来其他总统所没有做到的。很可能，奥巴马的例子会激励更多人参与到公共生活中来。就像密苏里州参议员克莱尔·迈克阿斯克尔（Claire McCaskill）在选举还在进行时所说的：“在这一次选举中，新一代的领导者产生了！”

真正的领导者不是天生的，而是后天造就的，而且通常是自我造就的，领导者创造自己。

古希腊人认为，卓越源于愿望与理性，感觉与思考的完美平衡。这两者结合起来，使我们能够“对完整的事实作具体的考察”，从各方面理解这个世界。真正的理解来自投入，来自自我的全面展现。正如约翰·加德纳曾说的：有天赋是一回事，让天赋得以成功表现则是另一回事。**只有当我们得以充分施展天赋才干时，才能够进行成功的自我表现。**一个人天赋的充分施展和投入，可以确保一个人成为原创作品，而不是一件复制品。

实际上，真正的领导者不是天生的，而是后天造就的，并且通常是自我造就的。领导者创造自己。

成为领导者而不是管理者

我倾向于把领导者与管理者的区别，看成是驾驭环境与向环境臣服的人的区别。当然，领导者与管理者之间还有其他一些差别，它们同样巨大而且至关重要。

ON BECOMING A LEADER WARREN BENNIS

领导力智慧

领导者与管理者的区别

- 管理者照章管理，领导者创新。
- 管理者是复制品，领导者是原创品。
- 管理者维持现状，领导者力求发展。
- 管理者重视系统和结构，领导者重视人。
- 管理者依赖控制，领导者激发信任。
- 管理者着眼于短期目标，领导者着眼于长远目标。
- 管理者总是问怎样做与何时做，领导者总是问是什么与为什么。
- 管理者始终盯着盈亏数字，领导者总是放眼长远发展。
- 管理者模仿，领导者原创。
- 管理者忍受现状，领导者挑战现状。
- 管理者是典型的好士兵，领导者就是他自己。
- 管理者把事做正确，领导者做正确的事。

再次借用华莱士·斯蒂文斯的诗句：管理者戴着正方形的帽子，通过训练来学习；领导者戴着宽边帽，选择教育。表 2-1 列举出教育与培训的区别。

表 2-1 教育与培训的区别

	教育	培训
	诱导的	推断的
	试验的	确定的
	动态的	静态的
	理解	记忆
	想法	事实
	广泛的	狭窄的
	深入的	表面的
	基于经验的	生搬硬套的
	积极的	消极的
	问题	答案
	流程	内容
	战略	战术
	可选方案	目标
	探索	预测
	发现	教条
	积极的	被动的
	主动的	指挥的
	全脑	左脑
	生活	工作
	长期	短期
	变化	稳定
	内容	形式
	灵活的	僵化的
	风险	常规
	综合	论题
	开放的	封闭的
	想象力	常识
总和	领导者	管理者

如果左边的清单让你感到陌生，那是因为它不是通常的学习方式。实际上，我们的教育体系长于训练而非教育，这很不幸。训练适合于养狗，因为我们需要它们服从。对人而言，训练只会让他们面向盈亏数字。

左边清单列出的所有品质，商学院都未能给予足够的重视，因为他们选择的往往是短期利润最大化、微观经济的盈亏数字。盈亏数字与找出问题毫无关系。然而，我们需要的是知道怎样找出问题的人，因为我们今天面对的这些问题不是总能清楚地被定义，也不是线性的。现代的建筑师正在抛弃直角，转向偏菱形、球形和抛物线。领导者要想培养必备的能力，必须开始考虑偏菱形了。

领导者是自己永远的工作伙伴。生活中有一种似乎自相矛盾的现象：优秀的领导者尽管存在缺点也会晋升，而差劲的领导者则恰恰是因其缺点才得以晋升。亚伯拉罕·林肯时常会突发严重的忧郁症，尽管如此，他还是美国最杰出的总统，带领这个国家度过了最严峻的危机。相反，希特勒把自己的变态心理强加给了德国人民，带领他们穿过虚幻的伟大，这个世界陷入了前所未有的最邪恶的疯狂和最恐怖的屠杀中。

我倾向于把领导者与管理者的区别，看成是驾驭环境与向环境臣服的人的区别。

不论好坏，对于领导者和我们每个人来说，一个不可否认的事实是：我们是自己的原材料。只有知道了我们是用什么制造的，以及我们想要制造什么，我们才能够开始人生——我们必须要这样做，尽管有很多无意的人和事会一起阻挠我们。这还是国民性中存在的那种矛盾。正如李尔所说:“一方面,我们似乎是一个以个性自由为自豪的社会,而另一方面,我们其实不能容忍真正的个性。我们想把社会均质化。”

在获得多项奥斯卡大奖的电影导演西德尼·波拉克看来，认识自我是一个持续的过程。“在我的头脑里始终进行着一种独白或对话，有些是关于人生的幻想，有些则是在探索。有时候，我可以通过想象自己正在探求问题的解决，来诱使自己去解决问题。如果不知道某个问题的答案，我会在头脑中设想自己被问到了这个问题。福克纳曾说：‘在我理解自己所说的话之前，不知道自己在想什么。’这不是一句玩笑话。以某种方式把自己的思考编码，你才会弄清楚想的是什么。”

这是绝对正确的。**把自己的思考编码，是再造自己的一个重要步骤。**要做到这一点，最困难的方法就是再去思考自己的思考——说出或者写出自己的想法才是有帮助的。要把你的想法编码，要从自己这里了解你是谁以及你相信什么，动笔写下自己的想法是意义最深远也是最有效的方法。

报业领导者格洛丽亚·安德森（Gloria Anderson）补充说：

> 这对人们培养自我意识和角色意识至关重要，而且对尝试新事物、检验自己以及信念和原则也至关重要。我觉得，我们都渴望看到坚持自己信念的人，即使我们并不同意他们的观点，可是我们相信这样的人。

科学家马蒂尔德·克里姆也同意这种看法。

> 为了尽可能多地吸收新东西，同时又避免不加批判地轻信一切，你必须是一个优秀的探索者和优秀的倾听者。最后，你

> 必须要相信自己的直觉反应，价值系统和信念是重要的，有了它们你才能知道自己的立场是什么，但它们必须是你自己的价值观，而不是他人的。

如果了解自己和做自己像嘴上说的一样容易，那么就不会有这么多人装模作样地高谈阔论听来的观点，拼命地想要迎合而不是独树一帜了。关于做自己的必要性，幸运超级市场（Lucky Stores）的前首席执行官唐·里奇（Don Ritchey）说：“我相信人们可以非常迅速地辨认出虚伪的家伙，不管是就个人还是就公司而言。正如爱默生所说，‘你是什么人比你说什么更响亮。’”

原生型领导者与再生型领导者

哈佛大学的荣誉教授亚伯拉罕·扎莱兹尼克（Abraham Zaleznik）指出，领导者其实有两种：**原生型和再生型。原生型领导者从依赖家庭到自我独立的转变相对容易。再生型领导者一般在长大成人的过程中经历过磨难，感到自己与他人不同，甚至是孤立，因此形成了精心设计的内心生活**。随着他们渐渐长大，变得真正独立了，完全彻底依赖于自己的信念和思想。按照扎莱兹尼克的说法，再生型领导者自信、有主见，因而具有真正的领袖气质。

因此，原生型领导者是其环境造就的，例如约翰逊和尼克松；而再生型领导者是自我造就的，例如罗斯福和杜鲁门。

有几项研究强调了自我造就的好处，甚至是必要性。首先，在患上心脏病之后，中年人倾向于改变职业。面对越来越近的死亡，这些人意识到他们为之耗费了一生的，竟然并不是他们真正渴望的。

另一项研究表明，对于已过中年的人来说，决定其人生满意度的是他们在多大程度上按照年轻时的梦想去行动。他们是否成功地实现了自己的梦想并不那么重要，真正要紧的是他们发自内心的追求。创造性努力中的精神因素就来自于这种发自内心的追求。

ON BECOMING A 领导力箴言 LEADER

原生型领导者是环境造就的，再生型领导者是自我造就的。

当然也有证据表明，当女性以自我造就代替了不加怀疑地接受自己既定的角色时，她们也会感到更加幸福。心理学家索尼娅·弗里德曼（Sonya Friedman）曾经指出："真实的情况是，情绪最失常的女性是那些已婚并且终生扮演传统主妇角色的女人。单身女性总是比已婚女性更快乐。目前还没有哪一项研究证明这是错误的。"

在历史上，保持单身一直是大多数女性自由地进行自我造就的唯一途径。19 世纪的女诗人埃米莉·迪金森（Emily Dickinson）是一个喜欢隐居的女性，她终生未婚，无疑是自己创造了自己。据说，她曾经对少数访客之一说："这里只有自由！"

幸运的是，不断变化的时代也引发了两性关系的改变。很多与我交谈过的女性领导者尽管结了婚，但还是努力地实现了自我造就——就像弗里德曼自己一样。

我觉得对自我造就的必要性怎么强调都不过分。**保持真实，这其实就是要做自己的创造者，发现自己特有的能力和渴望，然后找到自己按这些渴望行动的方法。**当已经做到了这些时，你的存在就不再仅仅是为了顺从文化、某个权威或家族传统的意志，按照一个他人给你设定的形象生活。在你书写自己的人生时，不管发生什么，你都已经进入了自己生来就该扮演的角色。如果正像某个人说的那样："在现代的工业社会中，管理者的职责就是限制下属们的潜力。"那么竭尽全力摆脱这样的限制，充分发挥自己的潜力，坚守自己对早年梦想的承诺，这些就都是你的任务了。

为自己的小小成功鼓掌喝彩，并且轻轻地鞠上一躬，这是学习体验人生每一刻的好办法。而且，这也是创造自己、决定自己命运的一部分。

李尔还认为，除非旅程让你感到愉快，否则目的地就不值得达到。他说：

> 你不得不关注日积月累的成功，想要实现任何重大的成功都需要漫长的等待……如果你能够把人生的每一刻看成是成功的，那么你就会发现自己人生的大部分是成功的。而且，你要在内心里为自己的小小成功轻轻鞠上一躬。如果我们只等着一躬到地，那就成了令人生厌的讨价还价。在很长一段时间中，这种深深一躬的机会恐怕只有一次。

为自己的小小成功鼓掌喝彩，并且轻轻地鞠上一躬，这是学习体验人生每一刻的好办法。而且，这也是创造自己、决定自己命运的一部分。

要成为领导者，你必须要成为你自己，成为自己人生的创造者。尽管没有规则可循，但是我可以为你提供一些我从几十年来的观察和研究中得到的经验和教训。现在，我们就去学习这些课程。

“

WARREN
BENNIS

THE LEADERSHIP CLASSIC

了解自己意味着把“你是什么人和你想成为什么人”与

“世人认为你是什么人和希望你成为什么人”区分开来。

自我认知和自我造就都是一生的过程。

除了你自己，

没有人能够教会你怎样变成你自己、

怎样负起责任、

怎样表现自己。

”

ON BECOMING A LEADER

03 认识自我

我常常想，定义一个人品格的最好方法就是，找出让他觉得自己最积极、最活跃时的独特心态或道德态度。在这样的时刻，会有一个发自内心的声音大声说：“这才是真正的我。”

——威廉·詹姆斯
《威廉·詹姆斯书信集》

Major stumbling blocks on the path to self-knowledge are denial and blame.

在通往自我认知的道路上，

推卸责任和归咎于他人是主要的绊脚石。

在我们进入青春期时，世界已经对我们产生了超乎想象的影响。一般来说，家庭、朋友、学校和社会，已经用语言或行动告诉了我们该怎样生活。但是，**人们开始成为领导者是在他们决定自己应该怎样生活的那一刻。**

对于一些领导者来说，这些发生在小时候。前教育部长雪莉·赫夫斯特德勒（Shirley Hufstedler）毕业后从事法律职业，但她在年轻时却是一个不遵纪守法的叛逆者。她告诉我：

> 在我还很小的时候，我想做的事都是不被社会的指导原则所允许的。我想做很多女孩似乎不该做的事。所以，我必须一边想办法做自己想做的事，同时又要穿着裙子出现在钢琴演奏会上，以便掩藏自我。你可以说这是欺骗，但我把这看成是观察，并从障碍中间找出自己的道路。如果你仔细考虑过自己想要什么，并且分析了各种可能性，那么通常就能够找到实现的路径。

布鲁克·纳普（Brooke Knapp）是一位开创先河的飞行员和女商人，她打破传统闯出了自己的道路。她说：“我在南方长大，我被教育要做一个好妻子。在我上大学的时候，女人成功的定义就是嫁给一位绅士，帮助他取得成功，为他生儿育女……但我有点难以驯服，因为我比母亲更强硬，他们没有办法控制我。”

然而，正如纳普后来认识到的，摆脱束缚，做你自己，有时候非常不容易。她说：

> 上高中的时候，我意识到我将被选为班里最健壮的女生，我不想让自己贴上“假小子”的标签，所以我决心要当选最受欢迎的女生。我查到了每一位有投票权的评委的名字，挨个给他们打电话并说服了他们。后来我的声望大跌，因为我班上其他女孩的母亲开始肆意抨击我。我认定，成功就意味着人们不喜欢你了，你变成了一个坏人，所以我沉寂了很多年。直到结婚之后，我才又开始感受到了自己想要实现夙愿的迫切渴望。

因此，了解自己意味着要把“你是什么人和你想成为什么人”与“世人认为你是什么人和希望你成为什么人”区分开来。心理学家和作家罗杰·古尔德（Roger Gould）也很早就宣布了自己的独立。他说：

> 我记得，在我与父亲的一次次争论中，他似乎都是对的，让我永远也无法理解。我总是习惯于问“为什么”。当我6岁时，有一次躺在床上，看着天上的星星想：“那里还有其他的行星，也许有的上面也会有生命。地球是巨大的，生活着数以亿计的人类，而人人都不可能总是正确的，所以我的父亲可能是错的，而我可能是对的。”这是我自己的相对论。因此，在上高中时，我开始阅读经典名著，它们就是我开始脱离父母的人生转折。我有了自己的私人生活，可以按照自己的主张来评价它，可以在自己领会它之前绝口不与他人谈起它。

就像其他与我交谈过的领导者一样，赫夫斯特德勒、纳普和古尔德无疑都再造了他们自己。他们用各种不同的方法克服了种种障碍，但他们都强调了自知之明的重要性。

有些人很早就开始了这一过程，而有些人则很晚才开始。这并不要紧。**自我认知和自我造就都是一生的过程。**那些在孩提或青少年时代就艰难地了解并变成了自己的人，长大后仍在继续探索自己的潜力，反思自己的经历，考验自己。其他人，像罗斯福和杜鲁门，他们是在中年才开始自我造就的。有的时候，我们就是不喜欢自己或自己正在做的事，所以开始寻求改变。有的时候，就像杜鲁门，世界的要求超过了我们的极限。**但是，我们都能在自知和自制中找到有形和无形的回报，因为如果你继续墨守陈规，你将继续保持现状—这可能不及你想要得到或理应得到的。**

与我交谈过的领导者都认为，**除了你自己，没有人能够教会你怎样变成你自己，怎样负起责任，怎样表现自己。**但是在这个过程中，有些由他人完成的东西很值得思考。我已经把它们整理成了自我认知的4堂课。

ON BECOMING A LEADER WARREN BENNIS

领导力智慧

改善自我认知的4堂课

1. 你是自己最好的老师。
2. 勇担责任，别归咎于他人。
3. 你可以学会任何想要学会的东西。
4. 真正的理解源于对经历的反思。

第一堂课：你是自己最好的老师

吉布·阿金（Gib Akin）是弗吉尼亚大学麦金泰尔商学院的教授，他曾经研究了60位管理者的学习经历。在他发表于《组织动态》（*Organizational Dynamics*）上的研究论文中，阿金发现对于这些管理者的描述惊人的一致，他们习惯性地把学习经历说成是一种个人改造。一个人不是要把积累的知识作为一笔财产，而是要让自己变成另一个人……**学习不是为了拥有知识，而是为了成就自我。**

阿金的学习模式清单包括：

- **效仿**：效仿自己知道的某个人，或某个历史人物与公众人物。
- **角色扮演**：设想自己应该成为什么样的人，并照着去做。
- **实践**：把问题看成是机会，通过处理问题来学习。
- **验证**：通过应用来验证概念，并从结果中学习。
- **预期**：提出一个概念，然后应用它，在行动之前学习。
- **个人成长**：同特定的技能相比，一个人更关心的是自我理解以及“价值观和态度的转变”。
- **科学学习**：进行观察，在观察结果的基础上形成概念，然后进行实验来收集新的数据，首要关注的是真理。

阿金访谈的这些管理者提到了两个学习的基本动力。**第一个动力是求知欲。**他们将其描述为“更像是一种对知识的渴望，有时候会掌控他们的注意力，直到它得到满足”。**第二个动力是角色意识。**它源于“一个人对自己是什么人与应该是什么人之间差距的认知”。

换而言之，这些管理者知道他们并没有充分发挥自己的潜力，没有充分表现自己。他们知道，学习是摆脱这种困境的一个方法，是迈向自我表现的重要一步。他们把学习看成是某种与自我紧密相关的东西。在学校里，没人能教给他们这些，他们必须教会自己。**他们来到了人生中的一个关键时刻，知道自己必须学习新东西；要么学习再造，要么承认自己不能充分表现自己。**如果你能接受这一切，就像那些管理者们一样，要做的就是对自己和自己的教育负起责任。**在通往自我认知的道路上，推卸责任和归咎于他人是主要的绊脚石。**

第二堂课：勇担责任，不归咎于他人

这一点在直觉上是显而易见的。因此，我将介绍教育家、前迪士尼高管马蒂·卡普兰（Marty Kaplan）的故事，据我所知，他是对自己负责的最好榜样。

如今，卡普兰是南加州大学安嫩伯格学院的诺曼·李尔中心的讲席教授，同时也是一位有造诣的电影剧本作家和制片人。当他在20世纪80年代中期开始自己的第三个职业，成为迪士尼制作公司的副总裁时，才三十多岁。他进入迪士尼时有着广泛的社会背景——从生物学到“哈佛讽刺文社”（Harvard Lampoon），从广播和新闻出版到高层政治活动。他对很多事情都有很深的了解，但对电影业却知之甚少。他对自己设计的大学的描述，可以说明他是怎样对创造自己的成功负起责任的：

> 在开始迪士尼工作之前，我进行了一次突击学习。连续6个星期，我每天看五六部电影，试图看遍最近几年里所有成功的影片。然后，为了弄明白是什么让这些电影成为伟大的作品，我翻阅了自己能够拿到的所有剧本。那有点儿像我创造了自己

的大学，以便我能够对电影业和电影艺术有所了解……在我的生活中，了解自己所处的领域始终是很重要的。在读研究生时，我研究的是文学，了解作家和文学评论家就是了解文学界。在华盛顿，我必须了解政治人物。现在，我必须了解演员们。渐渐地，我了解到，这个圈子里有大约100位核心剧本作家。我打算系统地阅读他们每个人的一两部电影剧本。当我到了迪士尼时，他们告诉我，要对这一行有个基本的了解得三年的时间，但是9个月之后，公司老板说我毕业了，并且提拔了我。第一年，在犯过各种错误之后，我发现自己已经能够像那些一直在这里工作的伙伴干得一样出色了。我认为这要归功于自律、渴望，以及这些技能的可习得性。在分子生物学领域、政治界和电影业里，你要运用很多相同的能力。这一切都是为了建立联系。

刚到迪士尼时，我整天坐在老板的办公室里，日复一日地观察他的一言一行。所以，当剧本作家或制片人来找他的时候，我正好可以听听他们谈些什么。当他打电话的时候，我也会坐在那里听着，我会听到像他这样的人都与他人争论些什么。他怎样拒绝他人？怎样答应他人？怎样回避他人？怎样哄骗他人？在我到那里之后的好几个月里，我一直随身带着一本黄色的便笺薄，以便随时记下所有我不懂的东西：任何我不明白的惯用语、任何行话、任何人名、任何我不理解的策略、任何我不明白的财务交易，等等。之后，我会赶紧抽时间去请教任何能给我答案的人。

那里没有什么东西是我不能从中学习的，因为对我来说，那里的一切都是新奇的。因此，不管是什么，不管我碰到的人多么迟钝，不管他人的想法多么愚蠢，不管向我推销东西的代理人多么无精打采，那都是一次对我有帮助的偶遇，因为那毕竟是我第一次碰到那样的情况。每一件事都是新鲜的，所以我完全能够承受任何可能的经历。当我已经学习了其他人眼中乏味、愚蠢、可以回避的经历之后，我开始把它们从自己的信息中过滤出去，直到我最终只做我认为有用和重要的、能够从中学习或者不得不做的那些事。

第三堂课：你可以学会任何想要学会的东西

如果说领导者的基本要素之一是对实现人生的希望充满激情，那么关键就在于你要充分施展自己，就像卡普兰进入迪士尼时所做的那样。**充分施展自己是学习的另一种方式。**

卡普兰所进行的那种学习，也就是我在这里谈论的学习，绝不仅仅是一个人对知识的吸收或者对某个学科的精通。这种学习是要同时认清世界的现状和它可以变成什么样，理解所看到的，然后按照你的理解采取行动。卡普兰并非仅仅研究电影业，他接受它、吸收它，从而理解它。在与卡普兰讨论时，我指出这种学习是一个人对经历的反思。卡普兰说：

我想补充一点，那就是对体验经历的渴望，因为人们也可能对体验经历反感而不去学习。除非你渴望吸收潜在的让人不安的新事物，否则你不会去学习……这在某种程度上来自性格偏好，它无畏、乐观和自信，不怕失败。

“不怕失败”，请记住这句话，因为后面我们还会再次谈到这个话题。

第四堂课：真正的理解源于对经历的反思

卡普兰可不是在单纯地看电影、读剧本、把所有时间都花在公司老板的办公室里。实际上，在完成所有这些之后，他还会反思自己所看到、读到和听到的，进而形成全新的认识。

对经历的反思可以让你与自己进行苏格拉底式的对话，在正确的时机提出正确的问题，以便揭示你和你的人生真谛。

- 究竟发生了什么？
- 为什么会发生？
- 对我有什么影响？
- 对我来说意味着什么？

这样，你就可以找出并获取自己所需要的知识，或者更确切地说，你就可以重新获得自己原本知道，但已经遗忘的东西，用歌德的话来说就是：变成铁锤而不是铁砧。

卡普兰强有力地指出：

> 反思的习惯可能是面对向死而生的命运的结果……要开始理解任何一部伟大的文学作品，就要理解它是一次与死神抗争的赛跑，是爱、上帝、艺术和随便什么东西带来的救赎力量，它让艺术家们觉得与死神抗争的赛跑值得一试……在某种程度上，反思就是提出可以唤起自我意识的问题。

在你理解它之前，没有什么东西是真正属于你的，甚至包括你自己。我们的感受是质朴的、纯粹的真实，但是，在我们理解为什么会高兴、生气或焦虑之前，这种真实对我们来说毫无价值。例如，每个人都曾遇到过上司大吼大叫的情境，在当时，我们只能把嘴巴紧紧闭上，恐怕自己一时忍不住会回敬上司。之后，我们会对一个什么都没做错的朋友大喊大叫。这种错位的情绪打断了我们的生活，让它变了味。这并不是说，大喊大叫回敬上司是有效的反应，其实正确的答案是理解。如果你理解了正在发生什么，你就会知道该做什么。

对经历进行反思的重要性，以及反思可以促成理解的观点，一次又一次地出现在我与领导者们的谈话中。曾任美国学校董事学会执行董事的安妮·布赖恩特（Anne Bryant），在接受我访谈的时候是美国大学女性协会的执行董事。当时她对我说，她已经让反思成为自己日常工作的一部分：每天早晨闹铃停下来以后，我会在床上再躺大约 15 分钟，考虑我想从这一天的每项活动中获得什么，以及我决心在周末之前完成哪些任务。我坚持这样做已经有两三年时间了。现在，如果不这样做，我就会觉得自己浪费了一整天的时间。

要想敏锐地面向未来，首先必须坦诚地回顾过去。布赖恩特每周 4 天在华盛顿特区的办公室工作,其余时间花在芝加哥的家中。她会看些书，反思刚刚过去的一周，并对未来的工作进行规划。

以上就是改善自我认知的 4 堂课。但是，为了把这些内容付诸实践，你还需要了解孩提时期的经历、家庭以及同辈们对现在的你产生了怎样的影响。

自我造就成为领导者

我们常常对自己感到陌生。美国社会学家、律师、教育家戴维·里斯曼（David Riesman）在其经典著作《孤独的人群》（*The Lonely Crowd*）中写道：

> 个人行为的指引来自早年长辈的灌输，指引虽然是泛泛的，但仍然发挥决定性作用，从某种意义上来说，这种指引根植于“内在”。对所有受他人支配的个体来说，其行为的指引来源也包括其同辈，有些是他们认识的人，有些是他们通过朋友和大众传媒间接知道的人。这种来源被内化后，成为人生的指引。受他人支配的个人努力目标会随着这种指引而转移：在整个人生中始终保持不变的，只有努力的过程，以及密切注意来自他人的信号的过程。

换句话说，我们大多数人是被长辈或同辈塑造的。但是，领导者是自我引导的（self-directed）。现在，让我们停下来略作思考。**在领导者的自我引导过程中，学习和理解是自我引导的关键，它是在我们与他人的关系中完成的。**正如鲍里斯·帕斯捷尔纳克（Boris Pasternak）在《日瓦戈医生》（*Doctor Zhivago*）中所写的：

> 不过，您又是什么呢？关于您自己，您一直认为的自己是什么呢？您是靠什么感觉自身的存在：是肾，是肝，还是血管？无论您怎样去琢磨，都不会是这些。您总是在对外活动中感觉到自己的存在，例如，所做的事情，在家庭关系中，在与他人

> 的关系中。现在，请仔细听：您与他人的关系——决定了您是谁，它是您的整个人生、灵魂和不朽的赖以呼吸、生存和陶醉的东西。

那么，我们怎样解决这种矛盾呢？其方法是：**领导者向他人学习，但并不由他人塑造。**这是领导者的一个显著特征。这种矛盾变成了一个辩证的过程，领导者通过自我创造把自我和他人融为一体。

这意味着，此时此刻，真正的学习必须以遗忘为先导，因为父母、老师和朋友是在教我们怎样赞同、怎样达到他们的标准，而不是容许我们做自己。

希伯来联合学院的名誉校长艾尔弗雷德·科茨乔克（Alfred Gottschalk）告诉我说：

> 我做过的最困难的一件事，就是告诉孩子们（包括我自己的）向自己妥协的必要性。他们的兴趣缺乏深度，对事物不加思考。他们接受他人告知的，或者自己在电视上看到的。他们是遵奉者，盲目接受潮流的牵引。

当我请他定义自己的哲学时，科茨乔克说："我重视个体以独特为傲，以及集体有必要坚持包容多样性。我赞同保留个性的统一性，相信一个人的能力可以拯救他自己。"

鉴于来自父母和同辈们的影响，我们每个人要怎样努力才能成为一个心智健全的——而不仅仅是高效的成年人呢？

1890 年，威廉·詹姆斯在《心理学原理》（*The Principles of Psychology*）

中写道：

> 一个人的自我是他所拥有的一切的总和，不仅包括他的身体和精神，而且还包括他的衣服和房子、妻子和孩子、祖先和朋友、名声和工作、土地和马匹，以及游艇和银行账户。所有这些东西都可以带给他同样的情感。如果它们渐渐增强，趋于繁盛，他就会得意洋洋；如果它们渐渐衰落，趋于消亡，他就会垂头丧气。

对于任何时代的典型消费者，很难想象还有比这更恰当的描述了。但是，正如詹姆斯所推断的："……在这个世界上，我们的自我感受完全依赖于我们对自己过去是什么、做什么的回顾。"

因此，领导者首先支持自己、激励自己、相信自己，最终靠赢得信任来激励他人。

自我造就的 8 个人生阶段

著名的心理分析学者埃里克·埃里克森（Erik Erikson）把人生分成了 8 个阶段，这对我们分析自我造就会很有帮助：

1. 幼儿期（infancy）：基本信任对基本怀疑。
2. 儿童期初期（early childhood）：自主对害羞、怀疑。
3. 玩耍期（play age）：主动对内疚。
4. 学龄期（school age）：勤勉对自卑。
5. 青春期（adolescence）：自我认同对认同混乱。
6. 青年期（young adulthood）：亲密对孤独。

7. 成年期（adulthood）：生育繁衍对停滞萧条。

8. 老年期（old age）：完美无憾对悲观绝望。

埃里克森认为，在每一个阶段危机圆满解决之前，我们不会进入下一个阶段。例如，我们当中有太多的人始终未能克服主动与内疚之间的内心斗争，所以，我们没有真正的人生目的。仅仅是在二三十年前，一个拿不定主意是该做母亲还是该干事业的女人，还会被看成是自私的，甚至是没有人性的。放弃做母亲被认为是无法接受的；试图同时兼顾孩子和事业，也是一个令人沮丧而且往往得不到支持的选择。无论她怎样选择，主动和内疚的斗争都没有得到解决。当然，这些内在的斗争会变得外显，会给她自己以及她生活中的人们造成痛苦。包括隐士在内，没有谁是在独自承受痛苦。

传统上，男性更容易顺利地度过这些阶段和伴随的危机，但是，他们也时常会在好心的父母和老师的督促下，去做他们人生中“应该”做的事，而不是他们自己想要做的事。这样，一个梦想当诗人的孩子成了一个会计，一个想做牛仔的孩子成了一名高管，他们俩都要忍受梦想未能实现的痛苦。要是他们选择了追寻自己的梦想，谁知道他们会干出一番什么样的事业来呢？前甲壳虫乐队成员约翰·列侬，也许是他那一代最有影响力的歌曲作者。他曾经送给养大自己的姨妈一块金色的牌匾，上面刻着一句她常常挂在嘴边的断言：“你永远也别想靠弹吉他为生。”

按照埃里克森的说法，我们怎样解决人生的这 8 个危机决定了我们将会成为什么样的人。

ON BECOMING
A **领导力智慧**
LEADER
WARREN BENNIS

人生的 8 个阶段有待解决的 8 重危机

1. 幼儿期：信任 VS 怀疑 = 希望，还是退缩。
2. 儿童期初期：自主 VS 害羞、怀疑 = 自愿，还是被迫。
3. 玩耍期：主动 VS 内疚 = 目的，还是压抑。
4. 学龄期：勤勉 VS 自卑 = 能力，还是懒惰。
5. 青春期：自我认同 VS 认同混乱＝忠于职守，还是拒绝承担责任。
6. 青年期：亲密 VS 孤独 = 爱，还是排他。
7. 成年期：生育繁衍 VS 停滞萧条 = 关爱，还是抵制。
8. 老年期：完美无憾 VS 悲观绝望 = 明智，还是鄙视。

在我们经历人生的早期生活时，世界动用了各种力量来影响我们，可奇怪的是，我们每个人都能努力地以积极的方式解决这些危机。正如一位女士曾经跟我说“功能失常的家庭”这种说法是多余的，“难道什么地方有一个功能正常的家庭吗？我反正是从来没见过。”她的意思是，功能正常的幸福家庭，远远脱离了我们大多数人体验到的现实。电视情景喜剧中的孩子，大多有养育他们的明智父母以及幸福童年，但这全然不是现实生活中的情况。

精神分析师古尔德告诉我，他想写一本关于恢复儿时记忆的书，集中探讨“人们怎样克服早年发生的适应性扭曲。如果你做到了，你就在面对和处理新现实的过程中经历了一次不由自主的恢复。为了恰当地应对人生各个周期的挑战，你必须要不断地重新检查自己的防御和假定；在这种重新检查的过程中，你消除了困难、铺平了道路……感受是过往行为的记忆。当你对这些记忆进行整理，确定今天还记得什么，不记得什么，你就可以用自己的思维来改变自己的行为了”。

大量的证据表明，自我发展不会随着生理的成熟而停止，所以，尽管我们无法改变自己的身高或骨骼架构，我们却能够改变自己的心智。很多人坚持认为:“拥有一个快乐的童年，永远都不晚。”我当然不会那么偏激。我们无法改变自己童年时的环境，更不用说时至今日还想改善它们了。但是，我们可以坦率地回忆它们，反思它们，理解它们，从而克服它们对我们的影响。**通过记忆和理解的运用，退缩可以转变为希望，被迫可以转变为自愿，压抑可以转变为目的，懒惰可以转变为能力。**

领导者首先支持自己、激励自己、相信自己，最终靠赢得信任来激励他人。

但是，肯定会有人持有不同的看法。他们认为，我们的命运完全取决于基因，我们每个人都仅仅是遗传的产物。也有人强烈地认为，我们每个人都是各自环境的产物，我们的命运取决于环境。对分开抚养的同卵双胞胎的研究表明，第一种观点似乎更接近于事实。但是，我们究竟是怎样成为现在的自己的，真实的答案要复杂得多。

摆脱习惯的束缚，成为人生的主人

最近的遗传学研究证实，疾病在很大程度上是受遗传因素的影响的。然而，同样有说服力的研究却表明，我们的健康也受到压力和其他环境因素的影响。与此类似，有些科学家把大脑和心脏看成是纯粹的器官，能进行一些化学反应;而另一些科学家则认为，大脑和心脏是理智和情感、诡计和诗意，以及所有让我们与猿猴区别开来的品质和能力的中心。尽管有神经生物学的证据表明，有一部分大脑功能在出生前就已经固定了，但一个变得越来越清楚的事实是：**大脑在本质上是可塑的，能够吸收和整理那些可以引起大脑本身发生改变的经历。**

越来越多的证据表明，即使是个性特质，例如，内向、幽默等，也都是有遗传基础的。在遗传决定论与环境决定论之间的激烈争论中，并没有给自我决定留下很大的空间。在某种意义上来说，他们两派是想证明个体不对行为负责是正当的，就像古代的弗利普·威尔逊（Flip Wilson）经常挂在嘴边的那句话所说："是魔鬼让我做的！"

事实上，我们是所有事物的产物——基因、环境、家庭、朋友、气候、地震、太阳黑子、学校、意外事件、机缘，或者任何你能想到的东西，甚至更多。无休止的先天与后天之争十分有趣，偶尔也有些启发性，但没有结论。与其他人一样，领导者也是各种化学因素和环境因素的混合产物。领导者与普通人的不同之处在于，他利用所有的一切创造出一个独一无二的新自我。

ON BECOMING A 领导力箴言 LEADER

领导者与普通人的不同之处在于，他利用所有的一切创造出一个独一无二的新自我。

小说家威廉·福克纳（William Faulkner）曾经告诉我们，过去并没有消失，它甚至还没有过去。我们每个人都包含了自己完整的人生。我们做过或看过的每一件事，曾经碰到的每一个人，都存在于我们的头脑之中。但是，通过反思，所有这些精神包袱都可以转变为易于理解的、有用的经历。苏格拉底曾说："浑浑噩噩的生活不值得过。"我想更进一步：**浑浑噩噩的生活不可能过得成功。就像划桨者一样，我们通常是在向后**

看的时候向前进，但是在我们真正地理解过去之前，不可能真正地向前进、向上升。

在你成为真正的自己之前，你只不过是穿着借来的衣服在四处游荡。**不管在哪个领域，领导者都和其他人一样，是由经历和技能形成的。与其他人不同的是，领导者利用经历，而不被其所奴役。**

威廉·詹姆斯还说："天才意味着多了那么一点儿以不寻常习惯的方式感知事物的才能。"在我们进入成年期的时候，我们还会受到习惯的驱使，身上还有数不清的各种习惯。女士会在感到紧张或烦闷的时候把自己的头发拧成股，男士会因为缺乏安全感而从来不说"谢谢"。**我们都是习惯的受害者。习惯不仅支配着我们，还压抑我们，愚弄我们。**

浑浑噩噩的生活不可能过得成功。就像划桨者一样，我们通常是在向后看的时候向前进，但是在我们真正地理解过去之前，不可能真正地向前进、向上升。

为了摆脱习惯的束缚，解决这个矛盾，超越冲突，成为自己人生的主人而不是奴隶，我们必须首先观察和记忆，然后再忘记。正因如此，真正的学习才是从遗忘开始，遗忘才会成为我们的故事中反复出现的一个主题。

为了继续自己的工作，每一位伟大的发明家或科学家都曾抛弃传统智慧。例如，传统智慧曾说："要是上帝想让人飞的话，他早就给人一双翅膀了。"但是，莱特兄弟不同意这种说法，他们造出了飞机。

不论是你的父母、老师还是同辈，没有人能够教给你怎样做你自己。的确，不管他们多么好心，他们都是在努力地教你怎样不做你自己。正如著名的儿童心理学家琼·皮亚杰（Jean Piaget）所说："我们每次教给孩子什么东西时，都是在阻止他自己去创造它。"我想更进一步：**每次我们教给孩子知识，而不是帮助他们学习时，都是在阻止他们创造自己。在本质上，传授会使其内容和对象均质化。相反，真正的学习是要释放潜能。我们对自身和世界了解得越多，就会越自由地实现我们能够实现的一切。**

很多领导者都在学校遇到过问题，尤其是在早期的学校经历中。爱因斯坦写道："现代的教育方法居然还没有彻底扼杀探究的神圣好奇心，这简直是一个奇迹。认为靠强迫和责任感可以促使一个人在观察和探究中找到乐趣，这是一个严重的错误。"

在和我谈话的那些领导者当中，科学家和慈善家马蒂尔德·克里姆（Mathilde Krim）说："就在学校受到严格控制这一点来说，我不喜欢它。"富达投资的董事长兼首席执行官爱德华·约翰逊三世（Edward C. Johnson Ⅲ）也说："坐在教室里从来不是我的长处，我总是对新想法和客观事物感到好奇。"约翰逊本能地知道传授和学习、训练和教育之间的差别。

很显然，我们不可能摆脱或废除家庭、学校或者任何其他均质化的工具。但是，我们能够看清它们的本质——它们是等式的一部分而不是等式本身。

目前流行的等式是：

家庭 + 学校 + 朋友 = 你

但是对任何一个追求自我的人来说，唯一行得通的等式是：

（家庭 + 学校 + 朋友）/ 你 = 真实的你

这样，你就变成了自己的设计者，而不是由经历来设计你。你变成了原因和结果，而不再仅仅是结果。

自我觉察 = 自知之明 = 自我拥有 = 自我控制 = 自我表现

通过理解你的人生，你让自己的人生真正地属于自己。

“

WARREN
BENNIS

THE LEADERSHIP CLASSIC

对领导者来说，

他们是经历、对经历的理解和应用，

以及重要技能的产物。

领导力的要素是无法传授的，

它们只能习得。

因此，

要成为一位真正的领导者，

你必须要像了解自己一样了解世界。

”

ON BECOMING A LEADER

04 认识世界

先生，为了他的教育，我费尽心力。我让他很小的时候就在街上跑，自己挣饭吃。这是让孩子学得伶俐的唯一办法呀。

——查尔斯·狄更斯

《匹克威克外传》

**Clearly,
to become a
true leader,
one must know the
world as well as one
knows one's self.**

毫无疑问，要成为一位真正的领导者，
你必须要像了解自己一样了解世界。

04
认识世界

标准领导力课程的问题在于仅仅专注于技能，它只能培养管理者而不是领导者。当然，管理技能是可以传授的，它们对于领导者也是非常有用的技能。然而，**领导力的要素是无法传授的，它们只能习得**。正如时任加州联邦银行首席执行官的罗伯特·多克森（Robert Dockson）所说："真正重要的那些东西无法在一个正式的教室环境中传授。花旗公司的沃尔特·里斯顿（Walter Wriston）和美国银行的詹尼尼（A. P. Giannini）都不是专业人士。但他们都是有远见的人，知道自己想做什么，想把公司带到哪里。"既然对领导者的定义是"他们是独特的"，那么他们学习什么，以及怎样利用所学来塑造未来也是独特的。

正如我在上一章提到的，对领导者来说，他们是经历、对经历的理解和应用以及重要技能的产物。李尔曾经与我谈到他在驻意大利的美国空军服役时的一段经历：我记得，在意大利的一家酒吧里，我打倒了一个家伙，这是我平生第一次首先动手打人。挨打的家伙是一个美国步兵，他讲了一个反犹太人的笑话。后来我把这件事编成了《四海一家》的一集：在地铁上，迈克揍了一个正在侵犯他人的家伙，随后却被自己的暴力行为吓坏了。当年，我也一样被自己吓坏了。我猜我是在这件事情当中看到了领导力，但我不知道它来自何处，除非是来自怎样克服自己早年缺少伙伴、不受欢迎的问题而留下的意识。

毫无疑问，要成为一位真正的领导者，你必须要像了解自己一样了解世界。各种各样的研究以及与我交谈的领导者的人生证明，有些经历对学习尤其重要。这些经历包括广泛而持续的教育、特殊的家庭、走南闯北的旅行或流放、丰富的私人生活，以及与导师和团体的重要交往。

我想讨论这些经历的益处，首先我想谈谈有关学习本身的某些概念。

传统学习的两大模式

1972 年，罗马俱乐部①对学习进行了一次奠基性的研究。他们首先描述了外在的限制——用他们的话说，“物质增长的极限限制了我们的发展”。最后，他们提出了“内心自由的潜力”，认为“这些潜力存在于我们自身，其中孕育着空前发展的巨大潜力”。

该俱乐部的报告由詹姆斯·博特金（James W. Botkin）、迈赫迪·埃尔曼迪拉（Mahdi Elmandjra）和米尔恰·马利察（Mircea Malitza）发表于 1979 年，名为《学无止境：架起人类鸿沟之桥》（*No Limits to Learning: Bridging the Human Gap*），时至今日仍然意义重大。著名学者、实业家、罗马俱乐部第一任主席奥里利欧·佩奇（Aurelio Peccei）在他为该报告所成的书作的序中写道：“在人类发展的这个紧要关头，我们需要的

① 1968 年，来自西方不同国家的约 30 位企业家和学者聚集在罗马，共同探讨了关系全人类发展前途的人口、资源、粮食、环境等一系列根本性的问题，并对原有的经济发展模式提出了质疑。这批人士的聚会后来被称为罗马俱乐部。——译者注

就是掌握该学的东西，然后去学习。”这本书的作者接着把“人类鸿沟”（human gap）定义为持续增长的复杂性与我们的应对能力之间的距离。之所以称之为“人类鸿沟”，是因为我们的能力发展滞后于我们自己制造的复杂性。

三位作者描述了传统学习的两种主要模式：

- **维持性学习**（maintenance learning）——最盛行的学习模式。在这种模式中，“学习者是获得用以处理已知或重现情况的固定的见解、方法和规则……这种类型的学习旨在维持现有的系统或既定的生活方式”。

- **震撼性学习**（shock learning）——这种模式现在也很普遍，它发生在人们受到重大事件冲击的时候。正如三位作者所指出的：甚至到目前为止，人类还在等待着大事件和危机的到来……危机带来的冲击会激发或增强这种原始的学习……震撼性学习可以看成是精英政治、专家治国和权威主义的产物。在冲击引起的学习发生之前，往往会有那么一段时间，人们过分依赖专家知识或专业能力，而现实的问题已经远远超出了他们的解决能力。

换言之，维持性学习和震撼性学习是在接受传统智慧，却很少有真正的学习存在。社会、家庭或学校认为这就是事实，这些就是你需要知道的东西，而你呢，把他们告诉你的这些当作了绝对真理。你忘了还有一个你必须要倾听的自我存在。

美国的汽车工业就是靠维持性学习繁荣起来的，直到他们发现自己碰壁了，日本的汽车奇才们已经超过了他们，他们已经陷入了危机之中：创造力枯竭，而且面临着财务崩溃。但是，他们没有努力思考摆脱两难处境的办法，而是进行了多年的休克经营：关闭工厂、解雇成千上万的员工、采纳任何看起来不错的解决方案。直到 20 世纪 80 年代中期之前，美国汽车业都还没有真正从自己造成的创伤中恢复过来。实际上，问题的关键就在于罗马俱乐部所谓的“创新性学习”（innovative learning）。

三位作者写道：“维持性学习或震撼性学习的传统模式已经不足以应对全球问题的复杂性；如果未经检验，它们很有可能会导致……重大事件和危机的失控……”

创新性学习

适用于全球背景的原则也适用于个人。**任何一个依赖于维持性学习和震撼性学习的人，必定更多的是做一个被动者，而不是主动者。**例如，大多数的家庭其实就是在维持。当家中的某个人突然去世时，这种震撼的影响是如此的深远，以至于整个家庭往往会就此崩溃，至少是暂时地陷入瘫痪。我们都知道有这样的夫妻：一个孩子的不幸夭折彻底击垮了他们，以至于最后选择了离婚。同样的，简单地接受传统智慧的商业人士也许可以达到组织的最高层级，但是，他们将永远不能最充分地利用自己的特殊天赋。而且，如果他们总是对抗自己的人生，那么至少也将承受雄心壮志变成泡影的打击。

所以，创新性学习必定会取代维持性学习和震撼性学习。

显然，创新性学习要求我们相信自己，要在生活和工作中自我引导而不是受他人支配。如果我们学会了预期未来，并塑造事件 而不是被事件所塑造，那么我们将大大受益。

在实现罗马俱乐部报告的作者们所谓的“从无意识地顺应到有意识地参与的转变”的过程中，我们建立或者认识到了新的联系，形成了有用的整合，我们的理解也加深了。

ON BECOMING A LEADER
WARREN BENNIS

领导力智慧

创新性学习的 3 个要素

1. 预期（anticipation）：积极主动，富于想象力，而不是被动与顺从习惯。
2. 在倾听中向他人学习（listening by listening tc others）。
3. 参与（participation）：塑造事件，而不是被事件所塑造。

电影导演波拉克谈到了阻碍创新性学习的各种力量：人人都有自由联想的能力，但社会倾向于反对积极的幻想。过了一定的年龄之后，我们不再玩游戏了，不再说“让我们假扮什么”，“假如什么”，诸如此类。不管怎样，它继续存在于你的头脑中，但是到了某个时候你开始感到内疚。小时候你听着一段交响乐并想象你是指挥，你在疯狂地舞动着指挥棒，但是后来你渐渐地成了一个大人，你对自己说：“哎呀，我可不能让他人知道我在假装指挥交响乐。”但是，这种幻想生活在各个层次上都是解决问题的真正关键。它无疑是艺术领域中解决问题的首要工具，不管这艺术是绘画、舞蹈、编舞、导演电影，还是编写剧本、创作小说或者别的什么。有创造性地解决问题是创新性学习的一种形式。

在创新性学习中，一个人不仅必须要认清当前的环境，而且还必须能够想象未来的环境。

创新性学习是实现愿景的一种方式。律师雪莉·赫夫斯特德勒谈到了展望未来：你必须要能够相当具体地展望应该做什么、你想要做什么，或者你想去哪里……一定的概念化是必要的。这和计划一次旅行并没有什么不同。首先，你必须确定自己想去哪里。然后，你设计出交通方式。如果以前从未有人去过那里，你必须要自己想办法。在组织他人跟你一起去的过程中，必须要保持一定的灵活性。你必须要从一开始就知道，得带多少行李或者能多轻松地上路。这需要历史观、愿景和组织评价（它的本质和可能性潜力）的综合能力。

创新性学习要求我们要相信自己，要在生活和工作中自我引导而不是受他人支配。

大多数组织和教育机构实践维持性学习，是要努力地维持现状，把我们全都变成好士兵。它是基于权威的对话——分等级的、排外的、孤立的。它是有限的，是静态的知识体系，它要求我们适应事物的现状。

- 震撼性学习是通过让我们相信，作为个体，我们无力支配事件或为未来做准备，并断言我们需要权威和层级组织来保护自己，从而让我们保持秩序和服从。
- 创新性学习是我们行使自主权的首要方法，也是我们积极理解当前的环境，并在其中工作的途径。它是始于好奇心并受知识推动的对话，可以促成理解。它是包容的、没有限制的、无穷的，也是通晓的、动态的。它容许我们改变事物存在的方式。

总之，我们有办法让自己摆脱过去的束缚，不再把我们锁在他人强加的角色和态度之中。通过反思和理解过去，我们就能够不受过去的阻碍进入未来。**我们将自由地表现自己，而不是一味地想要证明自己。**

同样，通过创新性学习的运用，我们将不再一味地听从，而是要过自己的生活。我们不再默默忍受事物的现状，而是要预期事物可能变成的样子。我们要参与，促成事物的改变。我们要塑造生活，而不是被生活所塑造。这句格言会一次次地得到证实。

ON BECOMING A LEADER 领导力箴言

我们将自由地表现自己，而不是一味地想要证明自己。

20 世纪 60 年代早期，著名作家、心理学家维克托·戈策尔（Victor Goertzel）和他的妻子米尔德丽德·戈策尔（Mildred Goertzel）开始揭示，几百位成功者的共同点是什么，并在他们的著作《卓越的摇篮》（*Cradles of Eminence*）中发表了他们的结论。他们的研究对象范围很广，从作家和演员到政治家和商人。

他们的结论很有启发，大多数的研究对象出身于小镇或乡村。几乎每一位研究对象的家庭都存在对学习热爱的情形，而且“往往伴随着充沛的精力和对目标的不懈追求”。有一半的家长对争论的话题固执己见。有将近一半的父亲“在自己的生意或职业生涯中经受过创伤性的兴衰”，同时有 1/4 的母亲“被认为是有支配欲的”。

“富有”出现的频率大大高于“一贫如洗”。有 1/4 的研究对象是身有残疾的。在这些研究对象的家中，“几乎没有发生需要入院治疗的精神疾病”。在儿时，这些研究对象喜欢让家庭教师来辅导自己，“大多数不喜欢中学”“大多数喜欢有声望的大学”。有整整 3/4 的研究对象“表达了对学校和教师的不满，尽管有 4/5 的人表现出了非凡的天赋”。有 3/4 的研究对象在儿时有过烦恼——贫穷、破裂的家庭、难相处的父母、经济状况的跌宕、身体上的残疾，或者是父母对他们不及格的成绩或职业选择的不满。

两位研究者在书中引用了英国博物学家、教育家托马斯·亨利·赫胥黎（T. H. Huxley）的一句话，总结了一个人反思和克服过去的必要性。赫胥黎说：

> 要像一个小孩一样在事实面前坐下来，愿意抛弃任何先入为主的观念，谦恭地追随大自然的引领去往任何地方或深渊，否则你将什么都学不到。

除了理解它，你对自己的早年生活无能为力。然而，对于自己余下的人生，你却什么都可以做。正如约翰·加德纳曾说的：“任何复杂天赋的成熟都要求动力、品格和机会的巧妙组合。大部分的天赋仍旧没有得到开发。”

不幸的是，大学并非总是最佳的学习场所。有太多的大学与其说是高等教育的场所，倒不如说是高级的职业学校。很多大学只生产目光短浅的专家人士，他们也许是赚钱的奇才，但作为人他们却是不完整的。他们学会了怎样去做事，却没有学会怎样去做人。他们不学习哲学、历史和文学等等全人类的经验，而是只关心专门的技术。除非技术的使用者首先解决了那些最重要的问题，否则技术能解决什么问题呢？

教育家、前迪士尼的高管马蒂·卡普兰说：

> 在早年的生活中，你整天向父母询问重大的问题——我从哪里来？为什么爷爷死了？他去了哪里？上帝是谁？小孩子是吸收这类废话的海绵。除了这些废话，大学生们在半夜里又谈些什么呢？我在利用自己的人生做什么，我是谁，以及所有我们在人文学科中所鼓励的那些在面对深渊时思考的问题。我认为这就是西方价值观念的核心，就是勇敢地面对深渊。有些人会把这个深渊称为非正式的生物学意义上的死亡，而有些人则会更多地想到哲学上的虚无概念，但是我认为，它开始于儿时。我们要么任它活跃，要么压制它，但它始终存在，始终会出现。

诗人理查德·威尔伯（Richard Wilbur）写道：

> 但是礼节从来就没有隐藏，我们常常徘徊在自我的丛林中，只是那些目光呆滞的人才看不清，那就随他们去吧。我们需要按自己的意志游荡着穿过整个丛林，并在出来后开始理解自己和这个世界。

20 世纪 80 年代中期，有两本探讨“文化文盲”主题的书登上了畅销书排行榜，它们分别是美国思想家、政治哲学家及翻译家艾伦·布卢姆（Allan Bloom）的《美国精神的封闭》（*The Closing of the American Mind*）和美国核心知识基金创始人小赫希（E. D. Hirsch, Jr.）的《文化素养：美国人须知》（*Cultural Literacy: What Every American Needs to Know*）。一次面向全国 7 800 名高三学生的历史和文学知识测验证实了布卢姆和小赫希的观点。就像黛安娜·拉维奇（Diane Ravitch）和切斯特·芬恩（Chester E. Finn，Jr.）在《我们 17 岁的孩子们知道些什么？》（*What Do Our17-Year-Olds Know?*）中报告的，这次测验的平均成绩是五十几分——不及格。两位作者写道：

> 我们的学校是否已经变成过程驱动，也许最明显的指标就是 SAT① 所扮演的支配角色。一门在其口头部分谨慎地避免评价实质性知识的考试，正向我们的教育前景压来……参加考试的学生是否学过南北战争，是否了解基本宪法（Magna Carta），是否读过《麦克白》，这些都是 SAT 有意不去关心的问题。

不管我们的学校正在教或者正在考的是什么，它都与历史上我们视之为教育的东西越来越远，而与无处不在的绩效数字越来越近了。卡内基基金会（Carnegie Foundation）进行的一项研究表明，越来越多的年轻人选择那些有希望立刻赚大钱的领域，例如商业、工程、计算机科学和卫生保健等。

然而，副总统迪克·切尼的夫人、国家人文科学捐助基金会的前主席琳恩·切尼（Lynne Cheney）在《新闻周刊》（*Newsweek*）上写道，美国有很多最成功的人士具有文科背景，其中包括总统里根及其大部分内阁成员、38% 的首席执行官，以及 IBM 最高管理层中的 9 个人。据她说，美国电话电报公司（AT&T）所做的一项研究表明，社会科学和人文学科的毕业生会比工程师更快地升入中级管理层，而且“在进入最高管理层这方面至少做得与学商业和工程的毕业生一样好”。她断定：“那些在选择

① 美国的高等教育标准入学考试，相当于中国的高考。——译者注

专业时听从自己内心声音的学生，将最有可能终生致力于自己喜欢的事业。只有他们才肯付出取得成就所需要的大量时间和巨大努力，也只有他们才会找到支撑人类最大幸福的目的感。”

通用汽车的前首席执行官罗杰·史密斯（Roger Smith）赞同她的看法。史密斯在《教育管理者》（*Educating Managers*）一书中写道：

> 管理的艺术始于愿景，而愿景这种品质从来没有像今天这样至关重要……竞争力对有些公司来说就意味着生存本身，它依赖于管理者预想新事物以及新方法的能力、基于对过去的经验进行推断的能力、组织和重新组织经营的能力……以及设想事件的进程可能因何种干预而改变、怎样改变的能力……当学生们接受训练去认识在艺术、文学、物理学和历史学中反复出现的要素和共同的主题时，他们是在……学习一种通过想象来解决商业问题的创造力……接受过文科训练的人，将能够理解，如今那么多公司努力想要成为的有松有紧、富有创业精神的组织，能够在其中发挥作用并对其做出贡献……他们学会了容忍不明确性，学会了在明显的混乱中建立秩序。理性正直是至高无上的；推理的过程就像结论一样重要……他们有一种横向思考和交叉分类的习性，原因之一是他们学会了用很多不同的方法来研究文学作品、社会系统、化学过程或者语言……杰出者的各种品质全都有赖于沟通能力和对人的敏感性……我们所做的一切都依赖于意图从一个群体转移到另一个群体。

哥伦比亚广播公司也赞同这种看法。1984年，哥伦比亚广播公司与美国文理研究院（American Academy of Arts and Sciences）联手，拨款 75 万美元成立了代表 12 家大企业的人文学科企业理事会（Corporate Council on the Liberal Arts）。按当时该理事会的主席、哥伦比亚广播公司的前总裁弗兰克·斯坦顿（Frank Stanton）的说法，该理事会的宗旨是“增强人们重视文科教育的意识，即洞察力、顿悟力、批判性的质疑和想象力，理解在企业领域中文科知识与领导能力的关系”。

关于人生的奇迹之一就是，不管你年纪多大或者境况如何，你在教育上的任何缺陷都可以通过阅读和思考来弥补。

这种关系非常真实、非常牢固。然而，这并不是说如果你主修的是商业或计算机科学，就泥足深陷了。**关于人生的奇迹之一就是，不管你年纪多大或者境况如何，你在教育上的任何缺陷都可以通过阅读和思考来弥补。**

学习，弥补缺口

关于怎样培养创造力，作家雷·布拉德伯里（Ray Bradbury）给管理者们提出了自己的建议，他写道：

> 各位想想，你最后一次跑到图书馆，借回很多你根本看不过来的书，就像一大摞面包片一样，在你的手臂上散发着热气，等待着你的“狼吞虎咽”，那是在什么时候？你最后一次翻开一本书，把它放到鼻子底下，深深地闻一闻它的气息，那又是在什么时候？天啊！烤面包的香气。你最后一次发现一家真的很棒的旧书店，一小时接一小时地独自漫步其中，到最后发现店

> 里就剩你一个人了，那又是在什么时候？没有书单，没有急需获得的知识，只是畅游在知识的海洋；掸去书上的灰尘，从架上取下一本本书，看看里面都写了些什么。不喜欢，那就把它们放回去；喜欢，那就把它们摞起来抱回家吧！让自己忘掉时间，沉迷其中，会让你找到你的根。

如果你需要一种更正式的途径，很多学院、大学和社区大学都提供文学、哲学和历史方面的课程。我可以告诉你，我有的时候是怎样实践自己的倡导的：我曾经与我的两个孩子一起去剑桥大学，这样我们就能够一起选修课程。我选择的是查尔斯·狄更斯和维多利亚时代的英国，我的女儿凯特研究莎士比亚的喜剧，我的儿子威尔则选择了达尔文和现代科学。我们一起坐在三一学院三一堂的一间阅览室里，一连三个星期沉浸在我们的书本中，兴奋地交流着我们学到的精华。

如今，杰米·拉斯金（Jamie Raskin）是美国大学的宪法学教授，当他担任波士顿的助理首席检察官时，他曾经告诫我们，不要让你的抱负妨碍了你的智力发育：

> 正如哲学家维特根斯坦（Wittgenstein）曾说的："抱负是思想的坟墓。"我的很多朋友都和我一样有抱负，但他们不容许有任何想法危及或颠覆自己的抱负。你的智力生命其实就是看到事物怎样才能变得不同的能力，而社会中的大型组织机构，不管是公立的还是私立的，往往都要求人们在个人生活、政治、意识形态等各个方面服从。很显然，这样做一个人就可以向上爬。我认为，要想防止抱负扼杀你的智力，唯一的办法就是不怕失败，或者去说人们可能视之为错误或疯狂的言论，组织机

构还不想听到的话……如果你想听到具体的提示，那就学会怎样快速阅读吧。人们常常说自己没有时间读书。我的体会是：**“感到疑惑的时候，就去读书吧。”**我可以在两三个小时内读完一本书。

关于教育，哥伦比亚广播公司的高管芭芭拉·科迪（Barbara Corday）曾说：“如果是对年轻的高管讲话，那么我会建议他们忘掉自己的MBA学位。很多年轻的领导者很把自己的各种证书当回事，他们忘了，在美国过去的150年里，大多数的领导者都没有MBA学位，更没有博士学位。我勉强从高中毕了业，之后就再也没有接受过一天的正式教育。我不是说为此感到特别的自豪，而是说并不为此感到难堪。在我这一行里，没几个人拥有与他们现在的工作相配的学术背景。对我所从事的行业来说，文科教育也许是最适合的东西；我觉得我掌握了足够多的文科知识，无须弄个学位来证明……在最近5年里，曾经与我打过交道的很多年轻人都有各种各样的学位，但是他们缺少一些个性品质、表演技巧、热情以及童心，而这些都是娱乐行业所需要的；看到这种情况让我感到很悲哀……在我们这一行里，那些去表演、去读书、去了解经典的人，那些头脑开放、乐于去体验的人，要比拥有MBA学位的人更容易成功。”

作为英国的思想领袖之一，查尔斯·汉迪会同意芭芭拉·科迪的观点。他曾经对我说，他在斯隆管理学院学到的首要教训就是他根本不需要去上学。

然而，作为强生公司的前首席执行官，吉姆·伯克（Jim E. Burke）却在读MBA时学到了很多：“就像人们认为我应该做的那样，带着一套从家庭和教堂等地方获得的价值观，我进入了哈佛商学院。我当时还年轻，我并不确信我的价值系统肯定能让我在商业上取得成功。我真的感到很苦恼……后来，就像这个国家里的很多人一样，我不知怎么的就认为，要想成功，就得打擦边球。我认为很多人都有这样的感觉。读商学院的经历是一次奇妙的释放，因为我在那里学到的一切都告诉我那种感觉是不正确的。成功之道就是率直。”

雷恩·扎菲罗普洛斯（Renn Zaphiropoulos）是施乐公司的前高管，也是静电打印机的主要制造商沃萨泰科（Verstatec）公司的创始人，他的教育是从家庭开始的：“我的父母是希腊人，我在埃及长大。我的父亲是一个船长，还在苏伊士运河上做过领航员。他还是个诗人，他没有任何大学学位，但他到过很多地方，而且读过很多很多书。他常常说：‘你的家就是你的大学。’星期天我们都不去教堂，而是留在家里听古典音乐。他给我的忠告是：永远也不要因为他人做了你就去做，而是要看那样做是否对你有意义。我是一个好学生，不是成绩最优秀的，但是挺优秀。成绩最优秀的学生似乎从来不懂这个道理。我有很多别的兴趣。我学过画画，作过曲，干过木工活，写过诗……要学习营销、销售、工程或者别的什么实在太容易了，而要学会怎样最充分地发挥你自己以及下属们的潜力则很难。要想成为表现最好的上司和主管，至关重要的是要对人类行为的首要原则有足够的理解。”

学习原本就该是这样——主动、热情、与己相关。你读到的东西应该由你自己来消化和吸收，你应该让它成为自己的东西。

像吉姆·伯克（Jim Burke）一样，约翰·斯卡利（John Sculley）也相信正式教育是有价值的，他也拿到了MBA学位。斯卡利的履历非常辉煌，他先是在百事可乐任总裁，做得非常成功。后来，史蒂夫·乔布斯拿话激他，问他是想继续卖糖水呢，还是想有个机会来改变世界。于是，斯卡利离开百事去了苹果电脑公司。在担任苹果电脑公司首席执行官的时候，他对我说，他发现了教育与商业之间真正的、有价值的联系：吸引我的是那些有梦想的人。除非靠近一所著名的大学，否则我不会到任何地方去住，因为我喜欢去图书馆，喜欢接近学术界人士。大多数的新行业倾向于围绕着主要的大学社区来发展，这意味着有潜力的领导者正在一个非常不同的新环境中孕育、成长。这并不是一个高科技现象。问题不在于有多少计算机科学家在使用我们的电脑，而在于有多少艺术家在使用它们。

对此，唐·里奇（Don Ritchey）是这样总结的：

> 教育有助于发展概念能力，没有某种教育的帮助，大多数人学不会这些能力。我不认为人文学科比商业教育更好，但我认为一所大学可以帮助你学会怎样思考和分析问题，怎样把不同的事物联系起来成为一个整体。在我看来，实际经验加相匹配的教育才是最完美的结合。

在希伯来学校里，一位教师对罗杰·古尔德说：“他们可以夺走我们的珠宝、汽车、皮货和房子，但他们永远也抢不去我们所接受的教育。”古尔德自己也说：“接受学习的能力永远存在。对学习的内在抗拒是变化的，人人都有某些内在的抗拒，它们的强度和影响是很重要的。”古尔德本人没有这样的抗拒。他说：“读东西的时候，我吸收它，细细品味它，仔细分析它，不时地运用它，这样到了我可以完美地驾驭它时，它就不再以最初的形式存在了。”

学习原本就该是这样——主动、热情、与己相关。你读到的东西应该由你自己来消化和吸收，你应该让它成为自己的东西。弗朗西丝·赫塞尔宾（Frances Hesselbein）的名言是："如果说有什么是我信仰的，那就是每天都学习和从学习中获得的快乐。"

丰富自己的经历

旅行是另一种学习。所有关于旅行的老话都是正确的。**旅行的确可以开阔眼界，可以给人以启示，可以立刻改变一个人的看法，因为它要求你做出新的、不同的响应。**在别的国家里，人们做事的方式与我们不同。他们可能更加悠闲，或者更加忙碌；可能更加矜持，或者更加活泼。他们的老规矩多种多样。在巴黎，很多店铺在整个八月里都关着门。在西班牙，漫长的午餐之后是午后小憩，晚饭则非常晚。在旅行中，语言突然成了一个障碍，最简单的交易可能一下子变得复杂起来。我的一个朋友曾经从伦敦去了趟巴黎，这期间，她的心思全用在英镑换法郎上了。她说："在一整天的时间里，我既不能说英语也不能说法语。我走进一家烟草商店，张嘴就说我要买 quatorze（法语 14）包健牌香烟。店主吃惊地看着我，就好像我是一个疯子。人们会买一两包甚至 10 包香烟，但他们不会一下子买 14 包。当然，我本来是想说 4 包的。"

旅行可以在多大程度上拓宽你的眼界，部分取决于你对旅行的经历有多投入。那些让自己沉浸在一种异国情调中的人，很可能会比那些前往巴黎麦当劳餐馆的人收获更多。同时，让自己沉浸于一种新的文化与"入乡随俗"之间也有区别。戴着一顶贝雷帽坐在双叟咖啡馆（Les Deux Magots）里，这未必就意味着你是一个批判的学习者。如果你丢失了对自己以及自己的根的看法，那么你只不过是穿上了另一种文化的外衣。你需要保持距离感。

著名作家亨利·梭罗（Henry Thoreau）曾经写道：**一个人如果换个角度看世界，那么他会看得更清楚。**在异国的土地上，你看任何东西都是有角度的。索斯藤·凡勃伦（Thorsten Veblen）指出，很多犹太人的敏锐智慧来自于他们长期的背井离乡。在一片陌生的土地上，外乡人会看到更多的、新鲜的事物。在旅途中，一个人不仅要充分地施展自我，而且还要学会重新调整。**旅行会考验一个人的优点和弱点，并揭示一个人新的优点和弱点。**我们的两位经验最丰富的制宪元勋托马斯·杰斐逊和本杰明·富兰克林都是深爱旅行的人，他们都在欧洲呆过很长时间。那些离开家走得更远的人，甚至可以学到更多。

ON BECOMING A 领导力箴言 LEADER

不管是选择每天一次的静思还是选择正式的短期休假，你都可以亲近自己的灵魂和想象力，真正地反思自己的经历，从中学习并让自己得到更新和补充。

艾尔弗雷德·科茨乔克很早就学会了一个局外人的教训：我是作为难民来到美国的。我没有身份，或者说只有一个负面的身份。我是犹太人，我是德国人。我的衣着很可笑，我不会说英语，我很穷。但是，我以92分的平均成绩从布鲁克林男子高中毕了业，而且我也玩过了橄榄球。我很早就自立了。

就像领导者传统上都是旅行者一样，他们通常也都有丰富的私人生活。他们都是业余的画家、诗人甚至是厨师，他们总是会抽出时间来思考。作为全世界最重要的神话学权威，约瑟夫·坎贝尔在去世前不久接受比尔·莫耶斯（Bill Moyers）的访谈时说：

> 当你不知道早上的报纸都写了些什么时，当你不知道谁是你的朋友时，当你不知道你欠他人什么时，当你不知道他人欠你什么时，你必须要有一个自己的空间，或者说一段独处的时间。在这个空间里，你可以单纯地去体验、去理解你是什么以及你可能是什么。这是一个创造性沉思的空间。起初，你可能发现什么都没有发生。但是，如果你有这样一个神圣的空间并利用它，那么最终你必然会有重要的发现。

不管是选择每天一次的静思，还是选择正式的短期休假，你都可以亲近自己的灵魂和想象力，真正地反思自己的经历，从中学习并让自己得到更新和补充。

至少一位良师益友

就像我们每个人都需要有规律的短暂休息一样，我们都需要真正的投入，也都需要良师益友和志趣相投的伙伴。据我所知，历史上的任何一个领导者都至少有一位良师：**帮助他们发现了自身的优点或缺点的老师，父母，年长的同胞，或经验丰富、能够给予他们指点的资深同事。**

在被问及是谁激励他时，杰米·拉斯金说：

> 过去我最钦佩的是那些能够把看似不相关的事物联系起来的人。我最欣赏的一个人是马丁·路德·金。在我还是个孩子的时候，他写的一些东西就已经对我产生了这样的影响。他说，

> 所有的生命都是相互关联的，整个人类都是一个过程的一部分，我怎样伤害自己的同胞，就是在怎样伤害自己。很多领导才能是基于这样的能力，那就是能够理解整个人类以及社会的各个部分是怎样相互关联的，事物是怎样朝着同一个方向发展的。我的父亲也具备这种品质，他能够建立这样的联系，看到每一个人身上的人性……父亲让我学会了怎样思考，而母亲让我学会了怎样写作。

飞行员布鲁克·纳普说：“我的祖母是我们家的一家之长，我从她那里学到了品质和绩效意识。正是她强令我念完了大学。”

前大学校长艾尔弗雷德·科茨乔克的学习来自很多方面：“我从母亲那里学会了怎样做饭烧菜、缝补衣物和清理房间；暑假期间，我曾经在餐馆里当过服务生。在我16岁的时候，父亲去世了，所以我必须早早地学会勇敢地面对生活……我的良师包括我的父亲、母亲、神父和橄榄球教练。我们的橄榄球队里有爱尔兰人、非裔人、意大利人和波兰人，他们都是我的家人。在某种意义上来说，正是在橄榄球球队里，我变成了一个美国人，并且学会了永不放弃。”

罗杰·古尔德的良师来自大学。他说：

> 在我们一大家子的四十多个堂表兄妹中，我是唯一上过大学的。他们都很富有，但他们根本不重视教育。他们看重的是诡计和精明，绝不会是教育。所以我面对的是一片空白……没有先入为主的概念，也没有约束和限制。我读过的经典著作深深地激励了我。它们促使我向另一种人生转变，是我自己的地

下组织，我只能私下里感谢它们，却从来也不能对他人谈起。在我进入大学的第一个学期里，就好像有人为我打开了一家琳琅满目的思想糖果店，任我想拿什么就拿什么。一位哲学教授立刻成了我的智慧之父。我决定要成为一个哲学家，为此，必须要见多识广。

作为加州联邦银行的前首席执行官，罗伯特·多克森完全是在书本中找到了自己最重要的良师和榜样："我的良师不是我认识的人，而是我读到的那些人物，例如探险家理查德·伯德（Richard Byrd）。伯德的人生经历极大地激励了我。我不羡慕任何人，也不曾努力地仿效过任何人——除了在高尔夫球场上。"

朋友也可以带给你激励和鼓舞，还有别的东西。前美国大学女性协会的负责人安妮·布赖恩特告诉我："朋友是必不可少的。你可以向他们学习，因为他们对你讲真话。"

芭芭拉·科迪的写作伙伴也是她最好的朋友。她说："我和芭芭拉·埃夫登（Barbara Avedon）是非常好的伙伴。我的女儿常常说我们的工作就是笑，因为每次她往我们俩的办公室打电话，都听见我们在哈哈大笑。在过去将近十年的时间里，我们不仅是合作伙伴，更是最要好的朋友。我们一起抚养各自的子女，一起去度假，我们两家的关系也非常好。当时正赶上妇女运动的初期，我认为，那是一段值得我们俩一起去经历的岁月。我们都经历过一次离婚和一次再婚，都和后来的丈夫生养过儿女。我们真的经历了一段非常特别的时光，我爱那段岁月。"

基于这样的关系，两人的合作催生了《美国警花》（*Cagney and*

Lacey）就顺理成章了。在这部长期热播的电视系列剧中，两位女警官既是搭档也是好友。这不仅是首部受到极大欢迎的描写女性搭档的系列剧，而且也是首部对主角的个人生活和工作给予了同等关注的警察剧。

在约翰·斯卡利为苹果电脑公司工作期间，他在自己的领域中既找到了激励也找到了友谊，它们都来自计算机时代学识渊博的大师艾伦·凯（Alan Kay）。“艾伦·凯可以说是我的精神领袖。他看起来不像一个领导者，他的着装打扮也不像一个领导者。但是如果你相信思想的力量，那么他就是一个源泉，一个非常有创造力的人，能够自由地跨越多个学科构成的知识领域。”对斯卡利来说，计算机专家凯有点儿像亚瑟王的顾问梅林。

群体（朋友或同事的集合），有时候只是给予其成员以支持和激励，例如老校友、老战友、商业伙伴等。但是有的时候，这样的群体可以创造历史，例如罗斯福的智囊团、艾森豪威尔的参谋部、约翰·肯尼迪的爱尔兰黑手党、布卢姆斯伯里作家团体和包豪斯设计师团体等。

第二次世界大战初期，小罗伯特·奥本海默（Robert Oppenheimer, Jr.）在新墨西哥州的洛斯阿拉莫斯（Los Alamos）主持了世界上最最独特的一个俱乐部。在谈到那些聚到一起研发原子弹的科学家时，奥本海默说：

> 那是一个优秀的团体，受到高度的使命感、责任感和命运感的激励……有凝聚力……有奉献精神……非常无私…… 全身心地致力于一个共同的目标。

作为强生公司的前首席执行官，吉姆·伯克提到了一个非常不同但同样出众的朋友群体，其中的每个人都在商业上取得了巨大的成功：

> 我最亲密的6个朋友是在哈佛商学院结交的。我觉得同大多数人相比，我的知己好友要更多些，而其中的大多数是我在哈佛商学院结交的。我们的友谊大多源自彼此相近的价值观。我们都愿意非常勤奋地工作，都对那些可能改变我们人生的机会感到兴奋……我们的人生彼此缠绕在一起。实际上，是一个价值系统把我们串在了一起，让我们以完全相同的眼光看待这个世界。另外，我们也从中体验到了非常多的乐趣。

从逆境中学习

求学、旅行、人、工作、比赛、反思，所有这些都是知识和理解的来源，但有趣的是，错误也是一个来源。约翰·克利斯（John Cleese）在一些影片和喜剧节目《蒙提派森》（*Monty Python*）中有着令人难忘的滑稽表演，他还编写和制作了很多同样令人难忘的商业培训影片。他说：

> 不言而喻的是，如果我们不敢冒险说一些错误的话或者做一些错误的事，那么我们的创造力就会立刻消失……创造力的实质不在于拥有某种特殊的天赋，更多的是在于玩游戏的能力。
>
> 在不容许犯错误的组织里，你会看到两类适得其反的行为。首先，因为错误是“不好的”，所以如果犯错误的是高层的人，那么从这些错误反馈回来的信息必须要被忽视或者被选择性地重新解释，这样高层的那些人才能假装没有错误发生。因此，这些错误不会得到纠正。其次，如果犯错误的是组织底层的人，那么这些错误就会被掩盖。

与我交谈过的领导者们根本不认为错误是“不好的”。**他们不仅相信错误的必然性，而且还认为错误几乎就等同于成长和进步。**

幸运超级市场的前高管唐·里奇说：即使你天生就善于分析，你也必须要乐于在缺乏确定性的情况下做出决策。即使你真的有可能最终得到完整的信息，让你绝对有把握地做出决策，但你也很有可能没有足够的时间或资源。你必须要在信息并不完整的情况下，抓住最佳时机尝试一下，然后继续去做别的事情。那意味着你将时不时地犯错误，但同时你也形成了让自己兴奋起来的势头和步调。

ON BECOMING A 领导力箴言 LEADER

要利用经历而不是被经历消耗，要做设计者而不是被设计，这样经历就会赋予你能力而不是束缚你。

像芭芭拉·科迪一样，领导者们并不总把“失败”看成是错误。她说：“我最喜欢的一个项目是一部名为《美国梦》的电视系列剧，有很多值得讲述的故事，剧本写得也很好，演员们演得也很出色，制作得也非常棒，几乎就是一个重大的成功。但是不知什么原因，公众就是不喜欢看，因此它仅仅播出了五六集。它是一个彻底的失败，但我并不把它看成是失败。因此，它也不是一个错误。错误也不是失败；我不会把错误看得很严重。犯了错误也没什么，只要你问心无愧并且尽了自己的最大努力……我不怕犯错误，我也不怕事后说，‘伙计，那是一个错误，让我们再试试别的途径吧。’我认为这可以赢得人心。当然，我不会故意犯错误来拉拢人心，但是当我犯了错误时，就会承认。我还可以说，‘你的主意比我的高明，让我们照着你说的做吧。’我不会在事后指责他人。如果我雇用了你来做事，就会放手让你去做。”

实际上，吉姆·伯克在强生总是鼓励人们要敢于犯错误。他说：“我认定我们最需要的是一种鼓励人们冒险的风气……我的前提是，如果容许自己周围的人去做他们想做的，那么我们就能够完成任何我们想要完成的。如果从事后诸葛亮的角度来说，假定任何人都能做任何事的想法多少有点儿幼稚。另一方面，我认为我的很多成功也都隐藏在这个前提之中。**如果你相信成长来自于冒险，没有冒险就没有成长，那么在领导他人走向成长的过程中，让他们自己去决策、容许他们犯错误就是不可缺少的。**”

伯克给我讲了他自己犯错误的一次经历：

> 我曾经开发了一种新产品，结果在市场上败得一塌糊涂。总经理约翰逊叫我去见他，我认定他打算解雇我。当他的秘书来叫我的时候，他已经先到办公室了，他向来如此。我还记得自己走进他的办公室时的情景……
>
> 约翰逊对我说：“我听说你损失了一百多万美元。”
>
> 我已经不记得准确的数字了。好像不止那么多。
>
> 我说：“是的，先生，是这样。”
>
> 听完他站了起来并伸出了手。
>
> 他说：“我只是想向你表示祝贺。做任何事都要做决策：如果你不做决策，那么你不会遭受任何的失败和挫折。对我来说，最艰难的任务就是让人们做决策。如果你再犯同样的错误，我就会解雇你。但是，我希望你还会犯很多别的错误，希望你明白今后的失败将远比成功更多。”

西德尼·波拉克说：当我与没有经验的演员合作时，我会努力地让他们相信要避免犯错误几乎是不可能。我对他们说，努力避免犯错误可能是导致犯错误的唯一原因，那会造成紧张，从而束手束脚……人们往往害怕相信本能的冲动。一个人为了竭力避免自己的行为看起来显得无法接受或荒唐愚蠢，可能会浪费自己人生中的大量时间。一个真正优秀的演员必须容许自己出丑犯错，否则就不会有任何独创性的成果产生。

相信本能的冲动总是会带来成长，尽管有时候是通过犯错误。有时候，相信本能的冲动会直接带来辉煌。这种神圣的冲动，我们将在下一章再次论及。

作为美国退休人员协会的前执行董事，现任该组织顾问的霍勒斯·迪茨(Horace B. Deets)也同样强调了营造一种宽容文化的必要性。他说:“我一直尽可能地激励人们开诚布公地说出相反的看法。鼓励不同意见，乐于容忍错误，这非常重要。”

雪莉·赫夫斯特德勒总结说:“如果你还没有失败过，那说明你还没有非常努力地尝试过。”

凡事都有内在的教训，如果你充分地施展了你自己，就会学到其中的大多数。在你对经历进行了思考、分析、检验、质疑和反思，并最终理解了它们之前，这些经历就还不是真正属于你的。**关键在于，要利用经历而不是被经历消耗，要做设计者而不是被设计，这样经历就会赋予你能力而不是束缚你。**因此，领导者会从自己的经历中学习。

ON BECOMING A LEADER WARREN BENNIS

领导力智慧

从经历中学习意味着什么

- 回顾自己的童年和青春期，利用过去发生在你身上的一切，使你能够促成现在的事情发生，这样你就可以成为自己人生的主人而不是它的仆人。
- 有意识地寻求现在可以帮你增长知识、开阔眼界的各种经历。
- 认识到失败是不可避免的，也是必需的，要把冒险看成是必经之路。
- 把自己和世界的未来看成是一次机会而不是一次考验，它让你可以去完成那些你还没有完成的事，以及需要你去完成的事。

怎样才能抓住机会呢？首先你必须要用自己的直觉去感受它，然后你要听从内心涌起的“神圣的冲动”。“凭直觉行动”就是我们的下一课。

“

WARREN BENNIS

THE LEADERSHIP CLASSIC

爱默生所说的“神圣的冲动”，

也就是预感，

或者说是在一瞬间让你看到了绝对该做之事的幻象。

人人都有这样的幻象，

只是领导者学会了相信它们。

我认为，

听从“神圣的冲动”，

这是领导者的基本要素，

也正是愿景得以实现的方式。

”

ON BECOMING A LEADER

05 凭直觉行动

有两件事对我而言是显而易见的。一件是，要做一个密西西比河上的掌舵人，就必须要比其他人学会更多的东西；另一件是，每过 24 小时就必须用不同的方式复习一遍。

——马克·吐温

《密西西比河上的生活》

Everyone has these visions; leaders learn to trust them.

人人都有这样的幻象，

只是领导者学会了相信它们。

人生从来就不简单，而且正变得日益复杂，尽管如此，我们仍然坚持努力把它变得简单。简单化的倡导者把现实看成是机械的、静态的、分段的、理性的，尽管它实际上是有机的、动态的、完整的、模糊的。他们把相互关系看成是线性的、顺序的、无关联的、单个的、相互独立的，虽然实际上它们是并行的、同时发生的、有关联的、模糊的、多重的、相互依赖的。他们是宿命论者，相信因果，但事实上，可能性才是唯一的规则，必然的事几乎从来没有出现过。

不过，为了避免有人被复杂性吓跑，我还是愿意引用美国天文学家、科幻小说家卡尔·萨根（Carl Sagan）在《伊甸园之龙》（*The Dragons of Eden*）中提出的这种想法：

> 我们可以想象出一个这样的世界，它的自然法则极其复杂。但是，我们并没有生活在这样的一个世界里。为什么呢？我想，这可能是因为所有觉得他们的世界太复杂的生物都灭绝了。例如，我们生活在树上的远古祖先，他们需要从一棵树荡到另一棵树上，其中那些难以计算出正确跳跃轨迹的个体，自然不会留下很多后代。

这个世界也许不是非常复杂的，但它仍然是复杂的。而且正如我前面提到的，社会法规要比自然法则更复杂、更不确定。尽管存在这样的复杂性，我们却不能听天由命。我们必须继续从一棵树荡到另一棵树上，尽管这些“树”可能是思想，而我们可能是在利用神经元的轴突代替手臂建立联系。此时，我们可能愿意听从现代著名数学家、哲学家和教育理论家艾尔弗雷德·诺思·怀特黑德（Alfred North Whitehead）的建议：**“寻求简单，然后怀疑它。”**

机械观创造了组织人。正如我曾经提到的，具有讽刺意味的是，导致很多组织问题的正是组织人。**那些把自身的创造力和精神影响力发挥到极致的个体，将通过改造自身来拯救我们的组织。**

领导者需要全脑思维

最近的研究已经清楚地表明，大脑的结构和功能分布并不完全像我们原来认为的那样。但是，把美国人的组织生活看成是左脑文化，充满了有意思的逻辑、技术、约束、保守和管理，仍旧是对我们有帮助的。我们是这种文化的产物，也同样受这些特征的控制和支配。**我们的文化需要更多的右脑特质，需要变得更加注重直觉、概念、综合以及艺术性。**在与本书中的这些受访者交谈时，我一次又一次地被一个事实所打动，那就是不管他们的职业是什么，他们对直觉和概念能力的倚重丝毫不亚于逻辑和分析的才能。他们都是运用全脑的人，能够充分地利用自己的两个大脑半球。

在任何一家企业里，管理者扮演着左脑，研发人员扮演着右脑，但首席执行官必须兼而有之，同时具备管理和想象的才能。之所以很少有人从有能力的管理者一跃成为真正的领导者，原因之一就在于企业文化以及整个社会更多的承认和奖励左脑成就，低估右脑成就。务实思维就是左脑统治的明证。习惯形成于左脑当中，却不会形成于右脑当中。

在担任美国大学女性协会的执行董事时，安妮·布赖恩特利用她所谓的“热气球练习”来鼓励员工们进行富有想象力的思考。

> 你带着人们登上一个想象中的热气球，从那上面可以看到整体和全局。然后，你分析自己看到了哪些事物、哪些人，他们在做什么以及他们还可能在做别的什么。例如，你可以想象如果你为儿童发展研究投入50万美元，那会发生什么？或者对于少女怀孕的问题，你能做些什么？

作为当时美国红十字协会的首席执行官，理查德·舒伯特（Richard Schubert）承认，组织当中始终存在着这种困境，即左脑习惯与右脑愿景之间的矛盾。他对我说：“需要维持现有的体系是显然的，而有必要改变它也同样是显而易见的，处在这两者之间，我常常感到左右为难。”

ON BECOMING A LEADER 领导力箴言

管理者扮演着左脑，研发人员扮演着右脑，但首席执行官必须同时具备管理和想象的才能。

作为美国女童子军协会的执行董事，弗朗西丝·赫塞尔宾预见到了社会的改变，包括少数民族人口的增长，并预想到了她的组织可以怎样为这些改变做好准备：“因此，女孩们的需求也在改变，而我们在探索不同的方法以满足这些需求并提供服务。我在创立一个创新中心，它不是一个场所，而是一群人和一个概念。这个团队……将直接与各个女童子军理事会合作建立新的模式，使我们能够影响各种不同的社区，找出并培养土生土长的领导者，这将会变得越来越重要。”

在领导各自的非营利组织摆脱传统方式进入创新模式的过程中，布赖恩特、舒伯特和赫塞尔宾都采取了全脑思考的方法。他们三个以前都曾在私营部门取得过成功，都是在中年时期改变了自己的职业生涯。他们三个都说，从来没有任何成就能比他们在非营利组织中的任职更让人欣喜。舒伯特简洁地说：“这是我平生做过的最令人兴奋、最富有挑战性的事。”

科学家马蒂尔德·克里姆也是从私营部门转入公共部门的。他说：“成长需要抱着好奇心去体验差异和同步，去探索新的环境并沉浸其中，去反思你的经历并从中得到有益的经验。”

听从内心“神圣的冲动”

全脑思维的一部分包括学会相信爱默生所说的“神圣的冲动”，也就是预感，或者说是在一瞬间让你看到了绝对该做之事的幻象。人人都有这样的幻象，只是领导者学会了相信它们。

在此我想提醒你，李尔曾说，爱默生的《论自立》对他成为一个领导者产生过深远的影响：“爱默生说要倾听内心的声音，与它同行，别去理会所有相反的声音。我不知道自己从何时开始理解那种声音中存在的某种神性——可以肯定的是，在高中、大学甚至是青年时期，我都还一无所知，但随着成长的继续，我也渐渐认识到了它的存在。身为一名作家，我怎么能够每天带着一个第二幕的问题入睡，醒来的时候就有了答案呢？

因为有某种内心的声音。与那种声音同行，这是我们拥有的最纯净、最真实的东西——当然我得承认，并不是总能做到这样。而且，当我们放弃了自己的思想和信念时，它们最终会从他人的口中回到我们这里。它们会带着一种陌生的威严归来……所以，应该吸取的教训是，你要相信它。当我听从那种内心的声音时，就是我最有力量的时候。”

我认为，听从“神圣的冲动”，这是领导者的基本要素，也正是愿景得以实现的方式。但是，对其他右脑品质的需要，也一次次地出现在我与这些领导者的谈话中。

在谈到怎样成为一个企业家时，作家和女权领袖格洛丽亚·斯泰纳姆说：“如果你是一个非线性思考者，那会大有帮助。成为企业家需要一定的说服力，而这意味着要具备共情能力（empathy）[①]……在我看来，企业家就像商业世界里的艺术家，因为我们可以把那些看似没有联系的东西结合成一个整体。”在谈到成功时，她使用了相似的措词：“对我来说，进步的模式不是线性的，成功就是在完成你自身的整个循环。”

听从“神圣的冲动”，这是领导者的基本要素，也正是愿景得以实现的方式。

赫布·阿尔珀特（Herb Alpert）向我叙述了他是怎样做的：“我是一个右脑动物。我不是一个传统意义上的商人。我常常同时做很多事情，

① 心理学术语，对他人的处境、情感和动机的认同和理解，设身处地替他人着想。“共情”不同于“同情”（sympathy）。关于二者的详细差别，请参见相关的专门论述。在后面的译文中，“共情”与“同情”一样，既可以作为名词，也可以作为动词。——译者注

依赖自己的直觉行事。当双肩感到紧绷时，我知道有什么东西不对头了。我把自己的身体当作晴雨表，……当有人给我唱歌时，我会努力倾听。我会努力让偏见随风而逝。大体上，我是在倾听内心的感觉。”

这种对直觉的信赖已经让阿尔珀特成为一个成功的唱片明星和一个同样成功的商人。在谈到他时，他在A&M唱片公司的长期合伙人吉尔·弗里森（Gil Friesen）说：“他凭直觉就知道什么是正确的、什么是应该做到的。而且，他有一种特殊的能力，使他可以时常地跳到局外来观察、理解和提出问题。他在这家公司的框架内经营自己的职业生涯，这是一个完美的场景。他不断地作出决策，再造着他的职业生涯。”

阿尔珀特认为，在你应对当前的同时，你需要有一个描画未来的愿景。而且，阿尔珀特对相互的信任深信不疑。在谈到弗里森以及A&M唱片公司的创立合伙人杰里·莫斯（Jerry Moss）时，阿尔珀特说：“这家公司真正的原动力，是杰里、吉尔与我之间的相互信任，以及艺术家们对我们的信任。那些艺术家们说，因为我们的人关心他们正在做的事，所以他们会变得更轻松、更有灵感。另外，我们身上贴着私有和独立的标签，所以能够迅速地行动。”

弗里森接着说道：“我无法告诉你‘独立’这个字眼到底有多重要——对我们的员工以及艺术家们来说有多重要，它似乎具有某种魔力。”然后他微笑着补充说：“而且，我们从来不把我们的唱片或者艺术家称为‘产品’，因为那是在贬低他们。”

作为苹果电脑公司的首席执行官，约翰·斯卡利鼓励周围的人提出各种不同的意见，并带着愿景去做市场调查。

领导者可能会犯的一个最大的错误就是，组建一个仅仅反映他个人想法的团队。我发现，团队最好是由具有互不相同技能的成员组成，使他们互不相同的技能相互配合。领导者的真正职责是要解决怎样才能让互不相同的人和要素协同配合的问题。

在自己亲眼看到之前，人们往往不知道或者无法描述他们想要的是什么。如果在引入麦金托什电脑（Mac，Macintosh，苹果电脑其中一个系列的个人电脑型号）之前去做它的市场调查，请被调查者描述他们心目中理想的个人电脑，那么他们会想到某种完全不同的东西。但是，当我们把麦金托什电脑拿给他们看，并且问他们："这就是您想要的吧？"，这时他们都说："是的。"你必须要能够让抽象的东西变得可以认知，因为只有那样人们才能接受或者拒绝它。

作为一个高等院校的管理者，艾尔弗雷德·科茨乔克在聘用人才时注重右脑特征。

我首先看品格，看一个人能否激发他人的信任。然后我看想象力和毅力，对目标的不懈追求。例如，如果我在为总会计师的职位面试一个人，并且发现作为一个大学毕业生，他对中等代数或微积分感到很吃力，然而他还是设法进入了会计行业，那么我就会想要知道他有什么样的财务想象力。我会尽最大的努力去了解他，然后基本上凭直觉做出决定。他得让我对他有好感才行。

即使在你处理事情而不是与人打交道时，右脑也会派上用场。马蒂尔德·克里姆谈到了在她早期的工作中直觉的重要性："我对生物学问题一向有着很准确的直觉。我不记得自己在工作上是否有过付出了努力却一无所获的时候……我能够辨认出染色体。有一次，一个同事说他从狗身上分离出了一个新的细胞系，我看了之后立刻就发现那不是狗的细胞。只看染色体我就能够断定那是老鼠的细胞；我的判断是正确的，因为我们后来做了细胞学检验。就产前诊断而言，当我第一次看到淋巴细胞时我就发现男性和女性的细胞存在一个差别，于是当时我们对此进行了系统的研究。这在新闻界引起了轰动，但实际上那是做起来非常简单的工作。”

对具有想象力并相信直觉的克里姆来说，做那样的事情非常简单。但是，以前从来没有人做到过。

右脑型领导力

与我交谈过的领导者们也都相信运气的重要性，但他们给运气增添了一个特殊的含义，它让我们想到文斯·隆巴尔迪（Vince Lombardi）的名言：运气是准备和机会的结合。吉姆·伯克认为，自己是一个表面上讲究逻辑而实际上“依赖直觉和本能的人”。他在谈到领导职位时说：“要得到这些职位的确非常需要运气。在我的人生中有过很多的机遇。如果不是发生了“泰诺”药物中毒事件，你就不会在这里同我交谈了。我恰好敏锐地为那个问题做好了准备——尽管是无意中。”

波士顿前检察官杰米·拉斯金也谈到了运气和准备：“关于领导力，我愿意给大家提供一个一般性的建议，那就是要找出你内心最真实的东西并且不动摇地追随它。但是，我真的相信运气在人类活动中的作用。马基雅维利曾说，幸运垂青于勇敢者。我认为，有准备的头脑基本上就等同于勇敢，但是也少不了运气的成分。拿破仑曾说，在他的军官们所具备的所有品质中，他最看重的就是运气。在你人生中的每一次关键时刻，运气都会不断地介入。”

西德尼·波拉克最准确、最生动地描述了右脑型领导力。他说：右脑型领导力源于某种受控的自由联想。所有的艺术也都源于此。我们常常说白日梦、灵感，但从科学上来说，那就是自由联想。首先，它意味着与那种联想建立联系的能力，那里是你得到创意的源头。当你拥有了创意之后，它就意味着信任创意的能力，尽管那些创意可能会破坏某些规则。然后，它就意味着实现那些创意的信心和勇气。最后，你不能害怕失败，否则，所谓的领导力就仅仅是表面上的：你接受了领导培训课程，努力学着上司的样子装腔作势，并把自己的办公室装饰得和上司的一模一样——这并不是真正的领导力。真正的领导力也许更多地涉及找出你自己的独特性，而不是确认你与他人的相似点。

波拉克给我讲了一个故事，生动地阐释了领导者的“神圣的冲动”。多年以前，我和芭芭拉·史翠珊及罗伯特·雷德福（Robert Redford）一起制作了电影《往日情怀》（*The Way We Were*）。史翠珊扮演的角色拼命地想要成为一个作家，非常努力但却诸事不顺。雷德福则扮演了一个事事一帆风顺的角色，他是一个很容易相处的人，他没有当作家的志向，却偏偏拥有作家的天赋。史翠珊扮演的角色在写作班上学得十分刻苦，非常认真地完成了一篇小故事。但是，教他们的老师却选读了雷德福的故事。这彻底击倒了她，她跑出教室，悲愤驱使她跑到一个垃圾桶旁边，把自己的故事撕得粉碎，狠狠地扔了进去，接着委屈地抽泣起来。

在拍摄这个镜头时，我在垃圾桶旁边安排了一架摄影机，对着她前面的一棵树，当我喊“开拍”的时候，她就会从那棵树后面跑出来，跑向摄影机，直接冲着我们，把故事扔进垃圾桶中；然后，当她靠在垃圾桶上开始哭泣时，我会把镜头摇到她的面部。本片的第一助理导演小霍华德·科克（Howard Koch, Jr.），曾经是她的上一部影片《主妇狂想曲》（*Up the Sandbox*）的第一助理导演。当我们正在布置场景和道具时，霍华德走过来对我说：“你知道吗，她非常紧张。”我问为什么？他说：“她非常焦虑，因为她怕自己哭不出来。在拍《主妇狂想曲》时她的哭戏就非常不顺利，这让她觉得自己是一个蹩脚的演员，因此，她现在十分紧张。”

在我们这一行里有个小装置：一个小试管，顶部裹着纱布，底部像盐罐一样开有很多小孔，里面则装着晶体氨的小颗粒。用的时候，化妆师从顶上向里面吹气，氨的气味就会从底下的小孔里跑出来，进到你的眼睛里，让你流泪。它会让你的眼睛出现血丝，而且气味很难闻，但它对拍电影很有用。芭芭拉已经让化妆师到了那棵树的后面。我对霍华德说：“我不信她会哭不出来，任何一个唱歌唱得像她那么棒的人都能哭出来。你待在这儿，我去树后。等我冲你挥手时，你就开拍。”

我走到那棵树的后面，看见芭芭拉正在紧张地走来走去。化妆师已经准备好了试管，我过去叫他离开了。她吓了一跳，连声问：“你要去哪儿啊？等等，等等，你想干什么啊？”我说：“放松，放松。”我走过去拥抱着她；就在那一瞬间，她开始抽泣了起来。我冲霍华德挥了挥手，他开动了摄影机，芭芭拉从树后走了出去。

当时，我什么都没跟她说。我根本就没想到要给她什么奇妙的指导。但是我知道，她已经入戏了，她的情绪已经到位了，只是她太紧张，无法让它释放出来。当我拥抱她时，有什么东西触动了她，让她放松了下来。就这样，她一路哭着拍完了这个镜头。你可能会问："你是怎么想到要这样做的？你怎么知道这招会奏效？"说实话，当我叫化妆师离开的时候，接下来该怎么办，还一点儿谱都没有呢。我只是非常相信她能哭出来，因为我已经看到了工作中的她是那么富有情感，知道她是一个非常容易动感情的女人；我不知道该怎么办——只是突然有了那种拥抱她的冲动，我也不知道那种冲动是从哪里来的。

那么，那种冲动是在哪里发生的呢？是在我走过去的路上吗？我觉得不是。我不认为那种冲动是在看到她之前产生的。就问题解决而言，它代表着什么呢？它代表着一个非常有效、非常迅捷的解决方案，可能远胜于一大堆开导或者唠唠叨叨地说什么"好了，想想你自己的伤心往事吧"。如果我走过去对她说："你看，我知道你能够做到，我相信你能。"那么她肯定会说："你离我远点儿！"那只会带给她更大的压力。我认为，或者说我猜，当时她感受到了真正的支持，而那打动了她。我认为那是一个简单、动情的时刻，她感到有人在真正支持她，而这感动了她，就是这样。

这些领导者已经证明，自信、愿景、美德、朴素的勇气，以及对神圣的冲动的信赖，不仅是必要的，而且是有效的。他们从一切事物当中学习，他们从经历中学到了很多，但从逆境和错误中学到的甚至更多。而且，他们已经学会了通过引导来领导。

压力之下的优雅也许是这个群体的座右铭。在他们当中，没有谁生来就有优势，倒是有人生来就有真正的残疾。他们全都成为了领导者，因为领导者是后天造就的，而且是自我造就的。用华莱士·史蒂文斯的话来说，他们“生活在这个世界上，但又超脱于现有的观念之外”。他们创造了新的世界，因为他们每个人本身就是原创。

ON BECOMING A 领导力箴言 LEADER

自信、愿景、美德、朴素的勇气，以及对神圣的冲动的信赖，不仅是必要的，而且是有效的。

他们会说没什么可教你的，但实际上，他们已经给你指明了该怎样学习你需要知道的一切。没有哪位领导者一开始就打算成为领导者。人们打算过自己的人生，充分地表现自己。如果这种表现是有价值的，他们就成为了领导者。

因此，问题的关键不在于要成为一个领导者，而在于要成为自己，要充分地利用自己——你所有的技能、天赋和精力，从而让你的愿景得以展现。你一定不能有所保留。总而言之，你必须要成为真我，并且享受这个成长过程中的乐趣。

亨利·詹姆斯在自己的后半生写出了很多绝妙的小说，他在《随笔和评论》中写道：

> 我必须要放开自己！我一生都在这样对自己说，甚至在我躁动不安、充满激情的久远的青春岁月里，也是这样对自己说。话虽如此，我却从来也没有彻底地做到这一点。这和意识——这种需要自我解放的意识，带着居高临下的威严不时地催促着我，它似乎就是我的救世主，我的未来之路。我积累了巨大的资源，我必须要利用它们，要坚持，要拒绝妥协，要去做更多的事情——比我已经做到的多得多。要做到这一点，要证实你

> 超越了死亡的自我，唯一的方法就是要投入地、充分地、迅捷地弹奏出尽可能多的音符。可以说，你的整个人生都曰你来控制和支配。继续，我的孩子，奋力地去弹奏……去尝试一切，去实践一切，去演奏一切——去做一个艺术家，去展现卓越，直到生命的最后一刻。

詹姆斯的主要作品都是在他的自我激励之后写成的。因此，**你要奋力地去弹奏，去尝试一切，实践一切，演奏一切，去成为那个你能够成为的自己。**

“

WARREN
BENNIS

THE LEADERSHIP CLASSIC

“释放自我”是领导者的基本任务。

一个人正是以自我表现而不是自我证明从被动转为主动的。

领导者不是简单地从事自己的职业或专业，

而是充分施展自我的精通业务的大师。

他们对知识和经验有着永不知足的渴求，

有意识地构建了自己的人生以及生活和工作的环境。

”

ON BECOMING A LEADER

06 施展自我

人人都有一个自我。我通常所说的“听从本能的声音”，指的是释放自我。我们大多数人在大多数时候都没有听从自己的声音，而是听从父母的声音，听从组织的、长者的、权威的或者惯例的声音（尤其是对小孩子和年轻人来说）。

——亚伯拉罕·马斯洛

《人性的延伸》

It's much easier to express yourself than to deny yourself. And much more rewarding, too.

展现自我比掩藏自我更加容易，
而且也将获得更大的回报。

06

施展自我

释放自我，这是领导者的基本任务。一个人正是以自我表现而不是自我证明从被动转为主动的。在本章中讨论的自我表现的方法，就像花瓣一样相继绽放。

设想在你还是个孩子的时候，老师要求你当着全班背诵一首诗。你想不起来诗的第二节了，老师斥责你，全班同学都笑话你。从那以后，一想到要当众讲话，你就浑身冒冷汗。

后来，你获得一个工作机会，只是这份工作要求你定期对一大群人讲话。你非常想得到这份工作，但是你对当众讲话的恐惧立刻就阻止了你。换句话说，恐惧感压倒了你对自己的胜任能力的信心，阻止你去行动。你有三个选择：

- 向自己的恐惧臣服，放弃那份工作。
- 尝试着客观分析你的恐惧（但是正如心理分析学家罗杰·古尔德所指出的，那可能不会促成任何有意义的改变）。
- 具体反思当初的经历。你那时毕竟还是个孩子，并且，你也许不是非常喜欢那首诗，所以就很难记住它。但最重要的是，你尽管受到了老师的斥责和同学的嘲笑，生活并没有因为这次过失而发生任何重大的改变。你没有因此而留级，在同学们当中的声誉也没有降低。实际上，每个人都立刻忘记了你的过失——除了你自己。这么多年来，你一直无法摆脱那种感觉，但却从来没有好好地思考过它。现在，是时候了。

反思和解决冲突

反思是领导者从往事中学习的主要方式。吉姆·伯克对我说："当我在耶稣会学习时，必须要学 28 个课时的经院哲学——那会迫使你从头到尾地体验合乎逻辑的、严谨的思维方式。我常常觉得这对我的商业成功非常重要，因为我天生就是相信直觉和本能的，所以这种逻辑的训练对我来说很有帮助。它帮助我完成了在哈佛商学院的学业，进一步强化了我的逻辑能力。在我从商的大多数时间里，当我碰到什么事情，我所做的就是说'那就是我们该走的路'。然后，让自己后退一步，让我的想法去接受非常严格的逻辑检验。同利用逻辑的方法相比，我更多是凭感觉来做决定的；这两者的结合已经让我变成了一个爱沉思的人。另外，我还一直觉得我们的社会缺少哲学家。我们理应有人毕生致力于思考。我们有很多的经济学家，也不缺各种科学家，但思想家却很少。因此，也许这也会让我变得喜欢思考。但是，我把自己看成是一个活动家。"

事实上，我们的行动不仅是思考的直接结果，也是感觉的直接结果。罗杰·古尔德认同说：

支配你行为的，是你对事物的感觉。大多数人不理会自己的感觉，因为思考是件苦差事。抽象的思考通常不会引起行为的改变，而会导致关于改变的冲突。我在做任何事时都会利用两种分析技巧。首先是透视——我总是喜欢多重的参照系；其次，我总是寻找问题的本质、核心。

反思也许是我们学习的关键方式。请想想一些反思的方式：回顾、回想、幻想、写日记、谈论、重看上星期的比赛、请求批评指点、独居静思，甚至是讲笑话。讲笑话是让往事变得易于理解和接受的一种方式。

弗洛伊德曾说，心理分析的目的是要让潜意识变成意识。例如，他谈到了周年纪念日的重要性——有很多人就死在其父亲早年去世的同一天。周年纪念日一直埋藏在潜意识当中，从来没有得到反思。在那一天经历的创伤从来没有被透露过，因此也就得不到治疗。**反思是让学习变成直觉行为的一种方法。反思可以触及问题的核心，揭示事件的真相。**适当的反思之后，往事的含义就变得明白了，你事后必须要采取的行动方针也就清楚了。

关于反思，芭芭拉·科迪说：

> 不幸的是，人们往往很少反思过往的经历。当你一路向前，一切看起来都很顺利时，你不会坐下来反思过去。而那恰恰是你应该反思的时刻。如果要到犯了重大错误才想到反思，就会有两个后果：其一，因为情绪低落，你无法最大限度地利用反思；其二，倾向于只看到那个错误，忽视所有你做得正确的部分。

我们大多数人更多的是受到消极经历的影响，而非积极经历的影响。

我们每个星期要经历上千件事件，因为缺乏反思，大多数人都只记住了少数的过失，忘记了我们的成功。我们仅仅是被动地反应。剧作家阿索尔·富加德（Athol Fugard）说，他能够摆脱消沉，靠的就是每天早上醒来时想想给他带来快乐的十件好事。我发现，想想一生中带来快乐的那些好事，会让我平和、积极地开始新的一天；我已经开始习惯这样做了。你要想处理好一次失败带来的负面感受，就想想周围那些小小的乐事——例如，海面上闪烁的晨光、打字机旁新鲜的玫瑰、散步归来后待饮的牛奶咖啡，甚至是盼着你去喂的狗——这种方式要比你对失败始终耿耿于怀好得多。当你情绪低落的时候，想想那些值得期待的事。当你已经摆脱了不幸的阴影时，就可以去反思了。

ON BECOMING A 领导力箴言 LEADER

反思让我们能够处理好自己的感受，理解它们，解开疑问，然后继续工作。

事实上，错误当中包含着最有价值的教训，但前提是我们要冷静地想清楚，要弄明白错在哪里，要在内心修正我们正在做的事情，然后按照修正去采取行动。当一个了不起的击球手三振出局时，他不会在自己的失误上浪费片刻的时间，而是会想着怎样改善站立姿势或挥棒。相反，大多数人会被过去的失误所阻碍。我们会被这些失误深深地困扰，害怕自己会重蹈覆辙，吓得不敢做任何事情。当职业赛马师从马背上摔下来时，他们会马上重新上马继续比赛，因为他们知道，如果不那样做，恐惧心理就可能捆住他们的手脚。当一个 F-14 的飞行员迫不得已弃机逃生时，他会在第二天就登上另一架战机。我们大多数人必须面对的恐惧要小得多——但是在我们再次行动之前，必须要通过反思来解决这些恐惧。

首先进行反思，然后采取战略行动。正如罗杰·古尔德所说的，反思让我们能够处理好自己的感受，理解它们，解开疑问，然后继续工作。沃兹沃思（Wordsworth）曾经把诗意定义为在宁静中忆起的强烈情感。那就是反思的时刻——在宁静中反思，然后解决问题。

关键在于，**不要成为情绪的牺牲品，不要被未解决的情感所左右，不要被自己的经历所消耗，而是富有创造力地利用它们**。就像作家会把自己的生活经历写成小说和戏剧一样，我们每个人也都可以把自己的经历变成有用的东西。伊萨克·丹森（Isak Dinesen）曾说："如果我们能把它写进一段故事中，那么任何伤心事都可以忍受。"过去的经历是你余生的基础；当你已经对它进行了反思，理解了它，并且得出了一个可行的解决方案之后，这个基础会变得非常的坚实牢固。

像很多开拓者一样，格洛丽亚·斯泰纳姆已经在一片未知的海域中闯出了自己的道路。她的做法很直接：

> 我不是非常喜欢反思。我通过模仿、实践或诉说来解决一切。因此，我是未来导向的。这不是很好，因为你只能活在现在，而不是未来……我的经历中有很多顿悟的时刻。我认为，事情会一再发生，而学习是螺旋上升的，不是直线上升的……然后有那么一天，我们会突然顿悟。因此，我并没有反思或自省的感觉，而是有恍然大悟的感觉。如果以前经历过那种情况，那么当它再次出现时，你就已经对它有了几分理解。你会遇到一个持续很长时间的平台期，然后突然出现一个飞跃，接着又进入另一个平台期。我把那些飞跃看成是顿悟的时刻。但是我认为，在从感性上理解事物之前，你往往已经从理性上理解了它

们。我曾经写过一篇关于母亲的文章，但现在我自己不敢再去读，因为我现在理解了它，它让我感到太悲伤了。

正如斯泰纳姆和古尔德所说，太多的理性会阻碍我们行动。**真正的反思可以启发、激励我们，并最终要求我们拿出解决方案。**斯泰纳姆是首先冲动地行动，稍后再思考或反思。这种有些轻率的做法有可取的地方，但前提是你能够把错误和失败看成是人生必不可少的一部分。不幸的是，我们大多数人没有那么明智、冷静。能够那样做的是像斯泰纳姆这样的开拓者——他们大胆地迈向地图上尚未标明的险地，对自己正在做的事深信不疑，把内在的风险看成是任务的一部分。

做好任何事情都要求你要理解正在做的是什么，只有在这个过程中有意识地反思自己、反思任务，并得出一个解决方案，你才能知道你正在做的究竟是什么。

正如我在前面提到的，埃里克·埃里克森把我们的成长看成是一系列得到解决的冲突，每个冲突都对应一个人生阶段。他还进一步指出，在前一个冲突得到解决之前，我们无法进入人生的下一个阶段或冲突。

这些冲突是基本的，解决它们也是必需的，因此，我必须要在一个更广泛、更一般性的背景下讨论它们。我们终生都受这些冲突的影响；解决这些冲突的方式决定了我们将怎样生活。

物理学家尼尔斯·博尔（Neils Bohr）说：真理有两种，小真理和大真理。你能够认识到一个小真理，因为它的对立面是一个谬误。一个大真理的对立面则是另一个大真理。

ON BECOMING A LEADER WARREN BENNIS

领导力智慧

如何解决人生 8 个阶段的冲突

冲突	解决方案
1. 幼儿期（infancy）：盲目信任 VS 怀疑	希望
2. 儿童期初期（early childhood）：独立 VS 依赖	自立
3. 玩耍期（play age）：主动 VS 模仿	目的
4. 学龄期（school age）：勤勉 VS 自卑	能力
5. 青春期（adolescence）：自我认同 VS 认同混乱	正直
6. 青年期（young adulthood）：亲密 VS 孤立	共情
7. 成年期（adulthood）：慷慨 VS 自私	成熟
8. 老年期（old age）：幻想 VS 错觉	智慧

我们的人生更多的是由大真理与作为其对立面的那些真理构成，而非小真理和谬误。正因如此，这些基本冲突有时候非常难以解决。很多事情从来就不是对与错之间的选择。例如，"希望"处在"盲目信任"与"怀疑"之间，但是它的对立面"绝望"亦是如此。另外，"智慧"通常出现在"幻想""错觉"和"幻灭"之后。

你一旦学会了在冲突解决之前反思自己的经历，那么你就开始形成自己的观点了。

形成原创观点

约翰·斯卡利谈到了对观点的看法："改变你的观点非常重要，这大概要通过广泛地在国外旅行或生活来实现。不同的立场得出不同的结论。对于同样的一些事实，改变视角，一切看起来就都不同了。领导者必须擅长的一件事是形成自己的观点。领导者不必非得有自己的创意，但他们必须要能够把创意放到具体的环境中，并加上自己的观点……我希望在人们身上看到的，是把各自的经历转化为创意，并把那些创意放到具体环境中的能力。”

你的观点是什么？下面的问题应该能给你一些提示：

- 当你考虑一个新项目时，你首先想到的是成本还是效益？
- 你更看重的是利润还是发展？
- 你更愿意变得富有还是有名望？
- 如果有一个晋升的机会要求你搬到另一个城市，你会在接受之前与家人商量吗？
- 你更愿意是大池塘中的一条小鱼，还是小池塘中的一条大鱼？

当然，这些问题的答案没有对错之分，但你的回答将让你对自己的观点有所了解。如果你首先想到的是项目成本，或者把利润看得比发展更重要，那么你的观点是短期的。一个喜欢名望胜过富有的人更有抱负，因为同赚到一大笔钱相比，名望更需要天赋和创造力——除非你在从事娱乐行业。如果你在接受一个晋升机会之前与家人商量，那么你是更加人性化，而不是更有抱负。如果你更愿意是小池塘中的一条大鱼，那么你可能缺乏动力；或者，你可能认同罗马政治家尤利乌斯·恺撒（Julius Caesar）的观点，据传他曾说：“我宁愿在伊比利亚的一个小村子里当老大，也不到罗马去做老二。”

观点就是你怎样看待事物，就是你特有的参照系。如果没有观点，你就是盲目的。但是，它也是你的立场。正如人工智能的先驱马文·明斯基[1]（Marvin Minsky）曾说的，立场等于 80 点的智商（100 是平均数，正负 30 以内是正常人）。马蒂·卡普兰告诉我说："我觉得，不管迪士尼制作公司出的是美名还是恶名，背后的原因之一是经营它的人都有着非常坚定的立场——我想这也是领导者的特征之一……对外界，我们会从主观的角度婉言拒绝，'唉，我们就是不喜欢那样。'但是在内部，决策不会被看成是一件温和、不伤感情、可以轻易妥协的事情。我们有自己的立场；一个项目要么符合我们的立场，要么与之冲突。"

观点就是你怎样看待事物，就是你特有的参照系。如果没有观点，你就是盲目的。

如果你知道自己想的是什么、想要的是什么，那么你就有了一个非常真实的优势。在这个不缺专家的年代，我们可以让营养师来帮我们调整饮食，可以把家里养的狗交给专业驯犬师甚至是宠物心理学家，可以就任何重大的决定求助咨询师。在这种情况下，立场不仅是稀有的，也是宝贵的。我的意思是，任何一个想要充分地、真实地表现自己的人，必须要有立场。**没有观点和立场的领导者不是领导者——当然，它必须是你自己的观点，自己的立场。你不能借用他人的观点，就像你不能借用他人的眼睛一样。同时，它必须是真实的。如果是这样，它也就是原创的，因为你是原创的。**

你一旦掌握了反思、理解和解决的技巧，观点和立场自然会形成。

---

① 马文·明斯基，"人工智能之父"和框架理论的创立者。曾被授予 1969 年度图灵奖，是第一位获此殊荣的人工智能学者。其代表作《情感机器》已由湛庐文化策划，浙江人民出版社出版。——编者注

你的下一个任务是要弄清楚该为此做些什么。

四个检验和衡量

有些人天生就知道自己想要做什么，甚至知道该怎样做。我们其余的人就没有那么幸运了。我们必须花些时间来弄清楚该利用自己的人生做些什么。模糊的目标，例如，“我只是想活得快乐”“我想过得舒服”“我想让世界变得更美好”，甚至是“我想非常非常富有”，等等，几乎都是毫无用处的。但是，过于具体的目标，例如“我想成为某某公司的董事长”“我想成为一个核物理学家”或者“我想找到治疗感冒的良方”，等等，也几乎都是无用的，因为它们都忽略了人生中的其他价值。

杰米·拉斯金对我说：“我心目中的一个英雄是哈佛法学院的一位教授，名叫德里克·贝尔（Derek Bell）。他曾经跟我说：不要固执于任何具体的抱负或愿望，这很重要。更重要的是，你要对自己想要的生活方式有抱负，这样，其他的事情就会水到渠成。”

你想要的是什么？我们大多数人往往可以非常顺利地走过一生，却从来没有问过这个最根本的问题，更别说回答它了。

当然，最根本的答案就是你想充分地表现你自己，因为那是人类最根本的动力。正如一位朋友所说：“我们都想学会怎样利用自己的发言权。”而这已经让有些人登上了顶峰，令有些人跌下了深渊。

你怎样才能最充分地表现你自己呢？

第一个检验，你要知道你想要的是什么，了解你的能力和潜力，并

认识到这两者之间的差距。

格洛丽亚·安德森说：“我总是觉得像他人一样活着是不对的。我想我必须要达到不同的标准、有不同的作为。”新闻业显然是她表现自我的一个选择，因为根据定义，新闻工作者是不同于其他人的。作为新闻记者，负责报道事件，而不是参与其中；作为编辑，他们有机会就他们认为有价值的主题畅所欲言。

对大多数领导者来说，恐惧更多的是激励而不是阻碍。

安妮·布赖恩特一开始是被他人选定的。“在上小学的时候，我获得过最佳领导奖，那让我感到很意外。上了高中，我被要求做一个领导者。当然，我的个头比其他同学高，因此看起来似乎可以服众，这可能是有帮助的。但我从来不是要去争什么，我就是喜欢对事情负责。我一向如此。”既然她喜欢“对事情负责”，她后来成为了一位领导者也就不足为怪了。她所领导的美国大学女性协会有 15 万会员，资产超过 4 700 万美元，其目标包括促进男女平等、自我发展以及积极的社会变革。

贝蒂·弗里丹（Betty Friedan）也一向是个组织者：“在上五年级的时候，我们有一个不喜欢孩子的代课老师，所以我组织了一个俱乐部——‘以恶制恶俱乐部’。当我发出信号时，同学们一起把书本扔到地板上，然后做一些让那个老师恼火的事。为此，校长把我叫到了办公室对我说，‘你有非常卓越的领导天赋；你必须要用它来做好事，而不是干坏事。’在我成年后的职业生涯中，我名义上是个作家，但实际上，我把自己的大量时间花在了政治活动上。我创建了三个重要的妇女运动组织，然后主动退居二线。”

第二个检验，你要知道是什么在驱动着你，知道什么带给你满足感，并认识到这两者之间的差距。

罗杰·古尔德说：“我记得，每天晚上都梦见自己将怎样去拯救人们，不仅仅是拯救我自己，而是拯救每一位人。我那时只有十二三岁。”因此，古尔德长大后成为了一个心理分析学家，非宗教的拯救者。

马蒂尔德·克里姆希望成为一个有用的人：“我曾经有三个夏天在一个几乎与外界隔绝的农场里干活。那段经历太可怕了，但它给了我奇妙的自信感。我觉得，如果连那个条件都能忍受，还有什么是做不到的呢？我做那份苦工是因为那是当时我该做的；我努力地做好它，努力地做一个真正有用的人，但那的确非常艰苦。”对一个后来成为科学家并领导抗艾滋病斗争的人来说，这是一个很好的起点。“如今，我把所有的时间都花在艾滋病问题上，我不会做别的事情。”

约翰·斯卡利的成长道路略微曲折，但也合乎情理：“我一直对事物有种贪得无厌的好奇心，对一切事物，先是电子学，然后是艺术，后来是艺术史和建筑学，各种各样的东西。当我对某样东西产生兴趣时，会彻底地被它所吸引；在我的好奇心得到满足之前，总是要为研究它而累得精疲力竭。我从来没打算要成为一个商人。那对我来说是最遥远的事情。我觉得，自己会成为一个发明家、建筑师或者设计师。我对形象化的东西感兴趣，也一直对概念很有兴趣——各种概念，从微积分到建筑学。”对领导一家像苹果电脑公司这样以创新和设计取胜的科技公司来说，难以想象还会有比这更好的背景。

前两个检验的关键在于，你一旦认识到或者说承认你的首要目标就是充分表现你自己，那么就会找到实现其余目标的方法——假如你具备了足够的能力和潜力，同时也有相应的兴趣和爱好。相反，如果你的首要目标是要证明你自己，那么就像第1章故事里的主角埃德一样，你迟早会遇到麻烦。一个为了证明自己而听父亲的话去从事法律或医药行业的男人，或者是一个为了证明自己能够赚大钱而决定做证券经纪人的女人，都是在玩愚蠢的游戏，都将不可避免地失败或者过得不快乐。

ON BECOMING A LEADER 领导力箴言

对领导者来说，精通，也就是拥有绝对的胜任力是必需的。

第三个检验，你要知道自己的价值观以及你优先考虑的事情是什么，知道你们组织的价值观及其优先考虑的事情是什么，并衡量这两者之间的差距。

如果你已经找到了充分、顺利地表现自己的方法，并且也对自己的步调和表现相当满意，只是觉得在当前的职位上你将不会走得很远，那么这可能是因为虽然你与自我是一致的，但你与自己的环境——你的合作伙伴、你的公司或组织却是不协调的。

赫布·阿尔珀特说："我过去常常给一家大公司录唱片，我不喜欢他们对我的态度。可以说，我就是在与他们的计算机打交道。那就好像是他们偏离了正确的轨道……我曾经灵光一闪地想到了利用拉丁铜管乐的主意，包括在唱片中混入小号的演奏。当时，我也在家里小小的车库录音棚中试验这种制作。可他们说那是不可能的，说那触犯了工会的规章，会让一些做音乐的人丢了饭碗。唉，他们完全没有领会我的意思。于是我决定，哪一天有了自己的公司，一定要让艺术家成为公司的核心和动力，把他们的需要摆在第一位。”

阿尔珀特和杰里·莫斯后来创建了以善待艺术家著称的A&M唱片公司。他们当时的合伙人吉尔·弗里森说：“A&M是以艺术家为中心的，并且具有一种家庭气氛。在这方面我们享有很高的声誉，但那绝不是刻意去做的，也不是有意设计的……实际上，我认为你只有不是刻意地去做、不是非常努力地去设计，才能真正地做到。”

为了营造他想看到的那种工作环境，阿尔珀特决定创立自己的公司。他的这个决定尽管看起来有些极端，但其实是非常明智的：他和A&M都成为了这个行业的推动者。

抱着同样的态度，格洛丽亚·安德森创办了她自己的报纸。她说：“《今日迈阿密》（*Miami Today*）让我第一次有机会照自己的方式去做事，它让我感到非常自豪。但是，当我意识到我的合伙人和我没有共同的愿景，而且这一点永远也不会改变时，我决定离开去单干。”

相反，安妮·布赖恩特建议要谨慎行事：经常发生的情况是，带着一股新鲜的活力进入了一份新的工作之后，你倾向于颠覆那里以前建立起来的一些东西，尽管你并不是有意的。这会让那些在组织中干了有些时日的人感到非常不痛快。在开始实施你自己的计划之前，最好努力地替他们着想，承认并巩固那些好的既成惯例。如果现有的人员觉得受到了维护，并且感到他们也是新计划的一部分，就会变得兴奋起来。

换句话说，要与你的组织保持协调，这几乎就像要与你的自我保持一致一样重要。有些领导者不可避免地要去创建自己的组织，而有些则像布赖恩特一样宁愿选择适应的途径。

在衡量了你想要什么，你能做什么，什么是你的驱动力，什么让你感到满足，你的价值观是什么，组织的价值观是什么之后，**第四个检验就是：你是否有能力并且愿意克服这些差距？**

对大多数领导者来说，恐惧更多的是激励而不是阻碍。

在第一种情况中，问题很简单。在人生中的某一阶段，几乎我们每个人都想成为一个电影明星或者是一个爵士歌手，但我们不具备必要的素质。而且，尽管我曾说并且也相信你能够学习任何你想学的东西，但有些职业却要求拥有超出学习之外的天赋。我认识一个非常成功的放射学家，他曾经一直梦想着做个歌手，但却没有那么好的嗓子。在放弃了唱歌的梦想之后，他转而去写歌了。有个跑得很快而且很敏捷的人非常想成为一个四分卫，但他的体重只有 63 公斤，可能当个教练或经理更合适。或者，他可以在朋友和同事中组织一个周六午后触身式橄榄球俱乐部。

不管你想要做什么，都不应该让恐惧挡住自己的去路。**对大多数领导者来说，恐惧更多的是激励而不是阻碍。**正像布鲁克·纳普所说：“我开始驾机飞行，因为我对飞行心怀畏惧。如果你是毫无保留地投入其中，就能够让任何事情发生。成长的最佳机会就在于克服那些你惧怕的东西。”她后来成为了美国第一流的飞行员。

对于第二种情况，问题更加复杂。我们都知道，有些人很成功（不管成功的内容和方法是什么），但他们从来没有体验到满足感，常常不快乐。在取得成功的同时让自己感到满足，这是完全有可能的，但前提是你得足够明智、足够坦诚地承认你想要什么，并能识别出你需要的东西。

对于第三种情况，我将再次提到那个缺乏目标的埃德。要是他能再多想想他想要什么以及他的公司需要什么，就不会让自己偏离轨道了。但是，他把自己的精力都花在做事和向他人证明自己上面了，而没有用心地去做自己。有些公司的文化过于严格，要求对公司路线绝对服从。有些公司的文化则是灵活的、可调整的、适应性强的。通过了解自己的灵活性以及组织的灵活性，你就会知道自己是否适合这个组织。

ON BECOMING A 领导力智慧 LEADER WARREN BENNIS

充分表现自己的 4 个检验

1. 知道你想要的是什么，了解你的能力和潜力，并认识到这两者之间的差距。
2. 知道是什么在驱动着你，知道什么带给你满足感，并认识到这两者之间的差距。
3. 知道自己的价值观以及你优先考虑的事情是什么，知道你们组织的价值观及其优先考虑的事情是什么，并衡量这两者之间的差距。
4. 你是否有能力并且愿意克服这些差距？

成功的渴望

布鲁克·纳普说：“有些人非常幸运，天生就有渴望和达成目标的能力。我也始终有一种成功的渴望，但我不是有意要这样，对我来说，这就像吃饭一样自然。”

加州联邦银行的前首席执行官罗伯特·多克森也是幸运的。“我认为，奉献、目标和愿景意识不是他人能够教给你的，我不知道它们从哪里来。”

如果纳普的话是正确的，渴望就像吃饭一样自然，它就存在于我们所有人的身上。而且，尽管它可能的确如多克森所说是无法教授的，但却是可以激活的。**实际上，我们每个人生来就有一种对人生本身的渴望，还有我所说的对人生期许的热情，这种热情可以把一个人带到人生和事业的顶点**。不幸的是，在很多人身上，这种热情退化成了驱使。企业家拉里·威尔逊（Lorry Wilson）把渴望与驱使的区别定义为表现自己与证明自己的区别。完美的社会应该鼓励每一个人去表现自己，而不是要求他们证明自己。但是，无论是社会还是我们自己都不是完美的。因此，为了避免给自己设下陷阱，我们必须要明白，只有当驱使与渴望融为一体时，它才是健康的。

与渴望分离的驱使总是危险的，有时候还是致命的。服务于渴望的驱使则总是建设性的，而且往往可以带来回报——各种意义上的回报。像与我交谈的其他领导者一样，纳普拥有这种对人生期许的热情，以及实现这种热情的驱使。“我和我们那个街区的8个男孩子一起长大，”她说，“我比他们更强壮，而且我有活力、有热情、有动力、有决心，所以我是他们的头。”

尽管她曾经有一段时间很听话、很温顺，但是过了几年之后，她的渴望又完好无损地冒了出来。“我是一个精神上的创业者，一旦我看到了一扇机会之门，就会利用它。捷达航空（她创建的一家公司，为国内的高管提供航空旅行服务）的出现几乎是出于偶然。解除管制消灭了很多小型的航空公司，所以很多公司在派人到小城镇出差时很犯难，于是我就想到了买一架利尔商务喷气机（Leaur Jet）。”她想拥有一架飞机的渴望与一些公司对高效率、低成本的差旅服务的需求愉快地结合在了一起。纳普仍旧是不安分的，仍旧有着强烈的创造欲望。在创建了捷达航空之后，她还管理过一个证券投资组合，并且涉足了佛罗里达的柑橘产业以及南加利福尼亚的高端房地产。

芭芭拉·科迪把自己的成功部分地归功于热情：“一家公司或者是一个节目，其实力和质量完全取决于参与者每天投入其中的关心和热情。而且我认为，如果作为领导者对它都漠不关心，就不能指望其他人的关心和热情……我觉得我的热情是很有感染力的。当接手一个项目时，如果我喜欢它，那么我就能让你也喜欢它。”

杰米·拉斯金也认为热情是有感染力的：“如果你坚持自己的立场并让大家知道你的信心，那么人们就会转而站到你这一边。我始终坚持一些最基本的原则。正如奥斯卡·怀尔德（Oscar Wilde）曾说的：‘我在左边，也就是心所在的一边；与我相对的是右边，也就是肝所在的一边。’”

格洛丽亚·安德森总结说：“你不能把当领导作为自己的首要目标，同样也不能把过得快乐作为自己的目标。无论是当领导还是过得快乐，它们必须是结果，而不能是动机。”

业务的精通

当我让马蒂·卡普兰描述领导者的品质时，他说：

首先是胜任能力，也就是对当前任务的真正精通。另一个品质是清楚表达的能力，如果某个人虽然完全掌握了他们需要知道的知识，但却没有能力说明为什么我应该关心它或者提供帮助，那么他们就不能说服我支持他们。还有一些我希望在领导者身上看到的东西，是一定程度的人际敏感性、机敏、共情和外交手腕；当然，这些东西不是必需的。我知道有一些人丝毫不具备这些东西却仍然是领导者，但那些具备了这些品质的领导者更能打动我、激励我。

他说得很对：“对当前任务的真正精通。”**领导者不是简单地从事自己的职业或专业，他们是精通业务的大师。**他们已经学会了其中该知道的一切，然后就让自己沉溺于其中了。例如，弗雷德·阿斯泰尔（Fred Astaire）精通舞蹈艺术，然后就沉醉其中了。他已经与舞蹈艺术融为一体了，所以你不可能知道什么时候他会停下来，固定节目会重新开始。他就是固定节目。富兰克林·罗斯福掌握了总统之道，而吉米·卡特则是被总统职位所驾驭了。

这种精通要求绝对的专注，也就是自我的充分施展。阿斯泰尔具备这样的专注。在他还什么都没有做之前，我们的注意力就被他的专注所吸引了。马丁·路德·金也是用几句话就唤醒了整个美国。他不仅是有一个梦想，他其实就是那个梦想本身，就像“魔术师”约翰逊就是湖人队、比尔·盖茨就是微软一样。

中国人练习一种叫做“武术”的东西。马克·萨尔兹曼（Mark Salzman）是一位在中国生活过的美国作家，他把武术描述为：“一种通过绝对专注达到完美形体的方法。一个人的动作会变成本能的反应，会体现出精神与身体的和谐。中国人相信，无论是对精神健康还是对身体健康，这种和谐都至关重要。在传统的武术中，武术家把大部分的训练时间用于练习套路，也就是编排好的系列动作。每套动作的时间从 1 分钟到 20 分钟不等，练习时必须严格遵循美学的、技术的、概念的指导原则，在一个套路的各个动作之间必须要有连续不断的意念，就像中国书法中把一个个汉字贯穿起来的那条看不见的线。”

萨尔兹曼引用他的师父、外号“铁拳”的武术大师潘清福的话说：“眼睛是最重要的，因为你能够从中看出一个人的意（意愿或意图）。”萨尔兹曼接着说：“中国的拳术以意生力，所以你必须要训练自己的眼睛……在练习套路时，你必须要对自己的力量有绝对的信心，就好像一拳击出就足以打垮对手一样，你必须先用自己的目光、自己的意念击中对手，然后你的拳就会跟着打过去。”

作家乔治·伦纳德（George Leonard）这样描述精通：“有经验的飞行员，根据另一个飞行员进驾驶舱和系安全带的方式，就能够大体上判断出他是否优秀。有些人显然非常出色，他们一走进房间就会令我们精神振奋。有些人仅凭他们的站姿就能显示出大师风范。”

领导者不是简单地从事自己的职业或专业，他们是精通业务的大师。

伦纳德还描述了精通的其他一些要素：精通之路依赖于坚持不懈的练习，但它也是一个冒险的乐园……不管是在体育、艺术还是在别的什么工作中，那些我们称之为大师的人，都对自己的事业有着不顾一切的热情……那些踏上精通之路的人，都乐于冒险，乐于干傻事……最有效的学习就是最像游戏的学习……天才具有付出一切却不求回报的能力。事实上，我们也许可以从付出的角度来定义天才。

芭芭拉·科迪谈到了一种自我精通：

> 在我们这一行里，如果你喜欢什么事情并且想促成它，你可以说服他人和你一起干。个人风格、个人信仰、促成某件事的强烈渴望、坚韧，还有不管多少人反对都决不放弃的能力，这些都是必不可少的。我所在的行业习惯于拒绝，例行公事的拒绝。你必须要能够不以为意，把拒绝当成耳旁风，不断地向前进，把忠于自己的能力以及自己的信仰融入灵魂当中。如果你昨天有了一个很好的创意，那么明天它还是一个很好的创意；你今天没能说服任何一个人来支持它，并不意味着你明天也不会成功。

对领导者来说，精通，也就是拥有绝对的胜任力是必需的。但是，精通也是一件最有乐趣的事。吉姆·伯克说：这个过程应该令人兴奋且充满乐趣。一个体验不到任何乐趣的人，肯定是在做自己不愿意做的事。要么是为环境所迫，要么就是他自己犯了大错。

罗杰·古尔德就是喜欢自己所做的：“我以前从来不认识心理学家，也不知道他们是干什么的，但这个职业似乎就是适合我。我喜欢深入地与人们交谈。我喜欢做一个心理医生。我喜欢帮助人们。但是最根本的原因在于，我对思维的过程有着极大的好奇心，正是这种好奇心驱使着我。”

战略思维

有一句古老的谚语说："生活就像一群拉雪橇的狗，除非你是头犬，否则你看到的景色永远不会变。"把这种思想引申一下，可以说，对领导者而言，景色始终在改变。一切都是新鲜的，因为根据定义，每一位领导者都是独特的，其环境也是独特的。

在被问及领导力是否可以教授时，西德尼·波拉克回答说：任何东西，如果无法细分为可重复的、不变化的要素，那就很难教授。驾驶汽车、开飞机——你可以把这些东西简化为一系列的技术动作，而它们总是可以照着相同的方式来执行。但是对于像领导力这样的东西，就像艺术一样，在每次应用原则时你都得重新创造。

罗伯特·多克森同意他的观点："领导者不是技术人员。"

因此，对于银行家以及电影导演来说，创造力是必需的。作为战略思维的基础，创造的过程无限复杂，而且最终就像内心的机制一样无法解释；但是，在这一过程中仍旧存在着可以确定的基本步骤。当你把某种东西简化到最基本的状态，也就是它的核心时，你就可以从中得出一般化的结论。

- 首先，你不管是在构思一部小说还是在计划一次公司重组，都必须要知道你打算在哪里结尾。登山者不是一到山脚下就开始攀登，他们会先看着想要爬到的地方，然后倒着考虑上山的路径，直到他们动身的地方。像登山者一样，一旦你的眼中有了顶峰，就可以计算出所有可能的登顶路径。然后，你就可以利用改动、连接、比较、倒转和想象，最终选定一两条路径。

- 其次，你要清晰地找出路径，详细地描述并修正它们，把它们绘制成一张地图，并标注可能的隐患、陷阱以及回报。
- 再次，你要客观地检验这张地图，就好像你并不是制图者一样，找出所有的薄弱点，消除或者改变它们。
- 最后，当你已经完成了上述的步骤时，你就可以开始攀登自己的山峰了。

弗朗西丝·赫塞尔宾和她丈夫的家族已经在宾夕法尼亚的约翰斯顿生活了四代了。他们曾有一家通信公司，赫塞尔宾在那里做女童子军志愿者。不过，她也为全国各地的女童子军理事会做过管理培训。当美国女童子军协会请她暂时接任当地理事会的首席执行官时，她答应了。6年以后，尽管她自己并没有提出申请，还是被任命为美国女童子军协会的执行董事。她和丈夫搬到了纽约，并开始着手改组童子军协会，以体现她这一路走来所学到的一切。

我们做的第一件事就是逐步建立一个让规划和管理具有相同内涵的规划系统，它是一个面向335家地方理事会和全国组织的共同系统。我们编写了一篇协会规划专论来调动60万成年志愿者的积极性，以完成我们帮助年轻女孩成长并发挥其最大潜力的使命。如今，我们的人都感到，这个系统已经变得比以往任何时候都更团结、更有凝聚力了。

我只是觉得，迫切需要用一个清楚的规划系统来定义角色，以区分志愿者、运营人员和政策规划者。有了这个系统，即便是在最小的童子军小队中有什么需求、趋势或其他问题，都可以顺畅地传达到决策者那里，他们对正在发生什么以及需要继续做什么都一清二楚。我们有300万会员；我们真正地倾听女孩们及其父母的声音；我们设法去帮助处境各异的女孩。我们会说，‘我们可以向你提供一些有价值的东西，但是反过来你也有可以给我们的东西。我们尊重你的价值观和文化；如果你翻开我们的指南，那么即使你是少数民族，是一个纳瓦霍人①，你也会在其中找到认同。’

我认为，在任何地方我们都有最优秀的工作人员。他们都非常出色，而我的任务就是要保持系统的开放性，给他们更大的自由度和施展的空间。我不能容忍把人们束缚起来。每个人都在一个圆圈上，它是相当有机的。如果我在中心，那么在我的周围有7个圆圈,下一个圆圈是群体主管,再向外是团队主管,等等。没有什么是上升或下降的，一切都是横向流动。它是如此的流畅和灵活，以至于那些过去习惯于科层体制的人多少得花点儿力气去适应这个体系，但它的确有效。我们也建议外部的团体采纳这个系统。

但是，它最大的优点在于，美国的每一位女孩都能看到这个计划，并了解她自己。

在实现你的战略思维的成果时，你要承担一些风险。但是正如卡洛斯·卡斯特内达（Carlos Casteneda）所说的：**“普通人与勇士之间的根本区别就在于，勇士把一切都当作挑战，而普通人把一切都当作是赐福或诅咒。”**

① 纳瓦霍人，美国印第安居民中人数最多的一支，散居于新墨西哥州西北部，亚利桑那州东北部及犹他州东南部。——编者注

除非你愿意冒险，否则你将六神无主，永远也无法最大限度地发挥自己的潜力。**要实现你的愿景，错误是不可避免的，它是走向成功的必然步骤。**

综合

最后，为了更有效地行动，领导者需要把各种表现方法结合起来。

孩子天生具有创造力，而上了年纪的人也一样。小说家卡罗斯·富恩特斯（Carlos Fuentes）说："我真的认为年轻的状态是你从岁月中获得的某种东西。有些人虽然年轻，但却可能很老气横秋。在我的人生中，我认识的两个活得最年轻的人是路易斯·布努埃尔（Luis Bunuel）和阿瑟·鲁宾斯坦（Arthur Rubinstein）。前者在60~80岁期间执导了他最优秀的那些影片，后者则在80岁时变成了一个天才，能够像贝多芬和肖邦所要求的那样，准确而传神地演绎他们的作品。另外，毕加索也是在八十多岁时画出了他最有激情的作品。这些都是赢得了年轻状态的人，他们都花了八十多年的时间才变得'年轻'。"

我认为富恩特斯的意思是，各种来自同侪、家人和社会的压力，会让我们在青春期偏离自己的轨道。我们迷失在大众之中，更多的是关注、响应大众而不是我们自己；于是，我们丧失了创造的能力，因为创造是个体的真实表现，而非他人的驱使所为。

但是，领导者因为已经拥有了自我，所以也早就恢复了自己的创造能力，并且继续成长。我们倾向于从定量的角度来看成长：身高和体重。当我们的身体不再继续长大时，我们的心智也就不再继续发育了，或者说我们是这样认为的。但是，正如与我交谈的这些领导者们用其人生所证明的，我们的智力和情感发育不必停止，也不应该停止。**领导者与其他人的不同之处在于，他们对知识和经验有着永不知足的渴求；而且，随着他们的世界变得越来越大、越来越复杂，他们认识世界的方法也发生着同样的变化。**

作为苏格拉底式对话的变体，辩证思维就是这样一种方法。辩证思维认为现实是动态的而非静态的，并因此寻求各种概念之间的相互关系，旨在做到综合。你可能会发现，把反思和观点看成是两只触角，并以综合居间平衡，这是非常有帮助的。

领导者与其他人的不同之处在于，他们对知识和经验有着永不知足的渴求；而且，随着他们的世界变得越来越大、越来越复杂，他们认识世界的方法也发生着同样的变化。

在描述自己在女童子军协会的工作方法时，弗朗西丝·赫塞尔宾证明了综合的作用：

> 第一，你必须要弄清楚该怎样统筹自己的工作和时间管理，弄清楚自己的职责有哪些。
>
> 第二，你必须要学会领导，而非管理。
>
> 第三，你必须要对自己是什么人有个清楚的认识，要有使命感并对使命有清楚的了解；而且，你必须要确定自己的原则与组织的原则是一致的。
>
> 第四，你必须要用自己的行为展示你认为领导者和追随者应该做的一切。

第五，你必须要有强烈的自由意识和机会意识，这样才能让那些与你共事的人自由、极致地发挥自己的潜能。而且，你必须要对他们有很高的要求，但要保持一致。

约翰·斯卡利把是否具有综合的能力看成是管理与领导的区别：

人们常常把领导混同为别的东西，尤其是管理。但是，管理要求一套完全不同的能力。按照我的理解，领导是以愿景、创意和方向为中心，而且更多的是要激发人们，而不是忙于日常的执行……除非一个人能够利用他人的潜力，否则就不能领导……你必须能够激励他人去完成工作，而不是高高在上地发号施令——那是管理，不是领导。

曾经在休伯特·汉弗莱公共事务学院担任高管的罗伯特·特里（Robert Terry），把领导定义为“一种对世界和人类处境的根本的、意义深远的投入与参与”。

罗杰·古尔德证实了这种参与，他说：“你一旦有了一个经过再三检验的愿景，就已经骑虎难下了。你几乎无法停止领寻，因为那意味着背弃你的现实愿景。”

贝蒂·弗里丹也有同样的观点，他说：“当我看到一个需求时，会召集人们一起来为它做些什么。我的信念是‘你肩负重任’。”

尽管他们都各有特殊才能，但这些领导者更多地把自己看成是合作者而不是单干者。

罗伯特·多克森说：“领导者引导而不是强迫人们，而且总是公正地对待他们……有太多的人声称我们的唯一责任就是对股东负责。我相信我们要对股东们负责，但我们也要对员工、客户和整个社会负责。如果公司认识不到它对社会的责任，那就一定是什么地方出了问题。”

作为美国红十字协会的前首席执行官，理查德·舒伯特也深信应该与他人建立良好的关系：你怎样吸引和鼓舞人们，这决定了你作为一个领导者会多成功。最重要的是，推己及人的原则是适用的。不管是对一个员工、一个客户还是一个高级副总裁，领导者都要以其喜欢的方式对待他们。在救灾现场，我们有 96% 的人都是志愿者。如果我们不能吸引到合适的人员并积极地鼓舞他们，就不会成功。这种观念非常重要，我将在第 8 章“赢得人们”中详细地阐述它。

“领导”首先是做人，然后才是做事。

信任合作者的领导者也会赢得合作者的信任。当然，信任无法得到，只能给予。缺乏相互信任的领导无疑是自相矛盾的。信任就存在于坚信与怀疑之间。**领导者总是坚信他们自己、他们的能力、他们的合作者以及他们共同拥有的美好未来。**但是，领导者也有足够的怀疑精神去质疑、去探查并因此取得进步。同样，合作者必须信任领导者、信任他们自己以及他们联合的力量，但他们也必须足够自信地去质疑、探查、检验。**保持坚信与怀疑之间的重要平衡，维护这种相互信任，这对任何领导者来说都是一项首要任务。**

愿景、鼓舞、共情、值得信赖，这些都是一个领导者的决断力和品格的表现。前大学校长艾尔弗雷德·科茨乔克说："品格对一个领导者来说至关重要，是其他一切的基础。其他的品质可能包括激发信任的能力、一定的创业才能、想象力、毅力、对目标的不懈追求……品格、毅力和想象力是领导者的必要条件。"

有一句爱尔兰的谚语非常精妙："不管你的祖父个子有多高，你都得自己长高。"

所有这些领导者都有意识地构建了自己的人生以及生活和工作的环境。他们每个人都不仅是演员也是编剧，既是铁砧也是铁锤；而且，他们每个人都在以自己的方式改变着大环境。自我表现的方法就是成为领导者的步骤。

ON BECOMING A LEADER WARREN BENNIS

领导力智慧

成为领导者的 9 个步骤

1. 反思得出解决方案。
2. 解决方案得出观点。
3. 观点得出看法。
4. 看法得出检验和衡量。
5. 检验和衡量激发渴望。
6. 渴望产生精通。
7. 精通产生战略思维。
8. 战略思维促成充分的自我表现。
9. 自我表现的综合 = 领导。

"领导"首先是做人，然后才是做事。领导者所做的一切都体现了他是什么人。所以，我们故事的下一章将是追随领导者——"超越逆境"。

“

WARREN
BENNIS

THE LEADERSHIP CLASSIC

在成为领导者的过程中，
“熔炉”是一个基本的要素。
无论经历的是什么，
“熔炉”都会让领导者变得更强壮、更坚韧；
不管考验多么残酷，
他们会变得更乐观、更开放。
他们不会失去希望，
不会向苦难屈服。

”

ON BECOMING A LEADER

07 超越逆境

你如果真想理解它，就尝试着改变它。

——库尔特·卢因
德裔美国心理学家

As weather shapes mountains, so problems make leaders.

就像风吹雨打塑造了山形一样，
问题造就了领导者。

07 超越逆境

根据定义，领导者都是创新者。他们从事其他人没有做到，或者害怕去做的事情。他们走在他人的前面，创造新事物，让旧事物变得新鲜。他们从经历中学习，活在当下，着眼未来。而且，每一位领导者都会以不同的方式把这一切结合起来。正如我前面提到的，要做到这一点，领导者必须是同时运用左脑和右脑的思考者。他们必须注重直觉、概念、综合以及艺术性。他们必须像诗人华莱士、史蒂文斯一样，带着宽檐帽。

罗伯特·阿布德（Rorbert Abboud）曾经在一家芝加哥银行的最高职位上遭到解雇。他去为阿曼德·哈默（Armand Hammer）工作，又再次被解雇。之后，他去了得克萨斯并成为第一国民银行的首席执行官。当被问及经历了那么多次失败之后，他怎样解释自己的成功时，他引用了电视喜剧《安迪·格里菲斯秀》（*The Andy Griffith Show*）中的一段对话来总结：安迪的副手巴尼问他，一个人怎样才能获得出色的决断力。安迪说，他猜想是来自经验。巴尼问怎样获得经验。安迪说："你得遭受点粗暴的对待。"阿布德耸耸肩说："我就是遭受了点粗暴的对待。"

在逆境中成长

阿布德从自己的经历中学习，而没有被经历击倒，因为他没有简单地接受经历。他对经历进行反思，理解它，利用它。领导者通过做事来学习——他们从挑战中学习，从意外出现的任务中学习，从第一次接手的工作中学习。你要怎样挽救一家银行？你要边做边学，要通过工作中发生的一切来学习。本章的大部分内容都围绕从逆境中学习这一主题展开。但是，我并不把那看成是从逆境中学习，我把那看成是从意外中学习。

西德尼·波拉克向我讲述了他是怎样从经历中学习的。“在我第一次执导时，我假装自己就是一个导演。我只会那样做，因为我对怎样做导演一无所知。通过与导演们合作，我对他们有了印象；我甚至努力地让自己穿得像个导演——穿那些适合于户外活动的衣服。我没有打过绑腿或者类似的东西。不过，要是现场有一个扩音器的话，我肯定会把它抓在手里。”

现在，波拉克每拍一部电影就创造出两个完整的世界——银幕上的世界以及摄影机后面的世界。“在拍一部影片时，我会有一个百里挑一的团队。其中有些人是技术人员，有些人是艺术家，有些人是手艺人，有些人就是干体力活的。我的窍门就是不要制造招致竞争和冲突的局面。说来也奇怪，你越是愿意让人们参与，他们就越是不需要强迫。激怒人们的自我并造成冲突，你将遭到重大的威胁。”

波拉克还学到了他认为非常重要的一点：

> 在任何有关领导力的访谈中，人们谈到的不是那些有关领导的最困难或最有趣的东西，而是那些更加具体的东西。我们都知道，领导者必须把职责委托给他人，必须鼓励人们发挥主

动性，必须激励人们敢于冒险。我认为，在某种意义上，领导的艺术与其他艺术并无不同，因为它就是创新，就像所有富于创造性的行为一样，它也是出自某种受到控制的自由联想。

从某种意义上说，学习领导就是学习管理变革。正如我们已经看到的，一个领导者会以最积极的方式把自己的哲学强加给组织，创造或者改造其文化。然后，组织遵照那种哲学行动，完成其使命；组织的文化具有了自己的生命，渐渐地由结果变成了动机。但是，除非领导者继续成长，继续改变自己以适应外部的变化，否则组织迟早会停止前进。

换句话说，一个领导者的首要才能是利用自己在职位上成长的能力。在成为总统之前，西奥多·罗斯福曾经被说成是“一个乡巴佬”。而他的堂兄富兰克林·罗斯福也曾经被沃尔特·李普曼（Walter Lippman）开除过，并且被说成是“一个想当总统的滑稽乡绅”。如今，这两位罗斯福都被看成是这个国家最优秀的总统。对领导者来说，检验和考验总是存在于行动当中。

领导者在领导过程中学习，越是困难，学得越好。

雅克布·布鲁诺夫斯基（Jacob Bronowski）在《人类的攀升》（*The Ascent of Man*）中写道：“我们必须明白，这个世界只能靠行动而不是沉思来把握……在人类的攀升过程中，最强大的动力就是在自己的才能发展中得到的快乐。一个人喜欢做自己擅长的事情，而且在完成之后，喜欢做得更好。”

领导者会把自己喜欢的事情做得越来越好，但永不满足。埃斯库罗斯说，智慧要通过反思和痛苦获得。领导者比任何人都更清楚地知道，人生的根本问题是无法解决的，但他们无论如何都要坚持下去，并且不断地学习成长。

领导者在领导过程中学习，越是困难，学得越好。就像风吹雨打塑造了山形一样，问题造就了领导者。难以相处的上司，缺乏愿景和品德的管理层，超出控制的环境，还有他们自己的错误，这些都是领导者的基础课程。

逆境，锻造领导者的“熔炉”

光辉国际的共同创始人理查德·费里属于“人只有被扔进水里才能学会游泳”学派：

> 其实，你无法创造领导者。例如，你怎样教一个人做决策呢？你只能帮助人们发挥其原有的天赋。我坚信熔炉的考验，也就是“岗位锻炼”。把他们送到工厂和市场中，把他们派到日本和欧洲去。让他们在工作中接受锻炼。

吉姆·伯克和霍勒斯·迪茨说得更简洁。伯克说：“你获得的经验和经受的考验越多，就越容易成为一个领导者。”当谈到自己在美国退休人员协会担任执行董事的工作时，迪茨说：

> 那是项困难的工作，我敢打赌，它只能通过体验来学习。你无法通过研读来学习，你必须去做、去实践。唯一真实的实验室就是领导工作本身。

芭芭拉·科迪谈到她学到的一个艰难的教训："在三星与哥伦比亚广播公司合并后，当第二天他们醒来时发现，他们有了两个电视部门，而我是两个负责人中的一个。因此，我们当中的一个必须走人。结果走的人是我。我整整失业了三个月—— 25 年来，这是我失业最长的一次。那是一次真正的学习经历，一次真正的改变和反思；我觉得，我是在为再一次全身心地投入到工作中做准备……我认为，神经紧张会让你在早上起床后感到更兴奋。如果不紧张，你就麻木了……当你不再感到神经质的紧张时，就该试着改变自己的人生或工作了。"

大学名誉校长艾尔弗雷德·科茨乔克也是一个从逆境中学习的提倡者："我在年轻时，因为学习成绩不好，也曾丢了好几份工作，但是我认识到，那没什么大不了的，不是世界末日。逆境与领导者的成长大有关系。你要么被逆境所淘汰，要么就变得更强大、更优秀。"

谈到领导者的风险，科茨乔克说："如今，在一群人中当头儿是有风险的。你可能遭到暗算；有人会想方设法地给你下绊子；有人希望看到你失败。而且，每一位领导者都有走下神坛的时候。他们要么是被推翻，被打倒，要么就是做了什么蠢事，或者年纪太大了。"

根据创新领导力中心（CCL）的行为科学家迈克尔·隆巴尔多（Michael Lombardo）和摩根·麦考尔（Morgan McCall）的一项研究，逆境就像好运一样是偶然的、普遍的。在对将近 100 名最高管理者做了访问调查之后，他们发现，意外的好运气是常例而不是例外，高级管理者的上升绝不是有规律的。关键事件包括彻底的职业转变、严重的问题以及意外的好运气。他们提到的问题包括失败、降职、错过晋升、海外任职、白手起家重新创业、公司合并、接管和人事变动，以及办公室政治斗争。

隆巴尔多和麦考尔得出结论：

> 逆境可以带来启示，成功的高管会不停地提出问题。他们能超过自己不太成功的同事，主要是因为他们可以从所有的经历中学到更多的东西。他们早就在自己的职业生涯中学会了适应不确定性。

1817 年，诗人约翰·济慈在给兄弟们的信中写道：伟大成就的基础是“应对逆境的能力……也就是说，一个人有能力对不确定性、神秘以及疑惑处之泰然，而不急于去追寻事实和原因”。就现代的领导者来说，也许再也没有比这更好的定义了。

作为共同事业组织的创始人以及前卫生教育和福利部部长，约翰·加德纳认为领导的主要障碍包括：悄然而至的危机、组织机构的规模和复杂性、专业化、当前的反领导风气，以及公共生活中的总体的和具体的困境。

李尔也把障碍看成是领导工作不可或缺的一部分：

> 要成为一个卓越的领导者，你不仅必须要把追随者带到正确的道路上，而且还必须让他们相信，不管有什么障碍挡住了去路，不管是一棵树还是一栋楼挡住了视线，你们都会绕过去。你们将不会因为碰到了障碍而放弃目标。所有的旅程都有很多的坑洼和地雷，但是要想跨过它们，唯一的办法就是靠近它们，辨认出它们是什么东西。你必须要看清楚那不过是一棵树或者别的什么，那不是无法克服的。旅程中处处有宝藏。

旅程中处处有宝藏。这就是从意外和逆境中学习。几乎与我交谈过的每一位领导者都同意这种观点。

有显著缺点的好上司

他们当中的很多人都从难以相处的上司那里学到了宝贵的经验——有些人甚至是从蹩脚的上司那里学习。这两者之间的区别在于：蹩脚的上司可以让你学到不该怎样做；难以相处的上司可以提供更加复杂的教训。一个难以相处的上司可能是好难为人的、爱挑剔的、威吓的、傲慢的、态度生硬的、反复无常的。但是同时，他又可能会激励他人、提供愿景甚至会偶尔关心你。这种上司的一个范例是媒体巨头罗伯特·马克斯韦尔（Robert Maxwell）。作为一个真正的梦想家，当他在1991年神秘死亡之后，有人揭露他是一个无赖。在一次电视节目访谈时，马克斯韦尔承认自己有上述的所有缺点。他曾经因为儿子忘了到机场去接他而开除了儿子，不过6个月后又让他回来了。

安妮·布赖恩特向我讲述了她的一位难以相处的上司："我曾经给一位我很钦佩的女士工作过。尽管她非常优秀，但她总是挑剔他人身上的缺点，所以很多优秀的人才先后离开了她。她令人振奋，聪明有才，是一个梦想家，而且她真的推动和改变了整个组织；但是，在她手下工作很难受。我从她那里学到了很多东西——包括正面的和反面的。如果你够坚强，你就能够从蹩脚的上司那里学到东西，但是如果你不坚强，那就辛苦了。"

芭芭拉·科迪同时讲述了一个蹩脚的上司和一个难以相处的上司："我觉得自己从蹩脚的领导者那里学到了一些真正重要的东西，那就像是你看到一个家长的不好行为，然后说'我将永远也不会那样对待自己的孩子'……很多年以前，我曾经在纽约给一个人工作过，他经常在身体上和精神上虐待手下的员工。他会揪住一个人，把他推搡到墙上，对着他大声咆哮。事后，他会在那个人的工资袋里多放上50美元。我没有看到那种气氛带来任何的忠诚或效率。因此，我就走了另一条完全不同的道路……我和我的合作伙伴芭芭拉·艾夫登曾经一起为一个非常有名、非常能干的制片人工作过。这个人的婚姻不太如意，因此下班了也不愿意回家。当然，那也就意味着我们也得加班加点地工作到很晚，甚至没有了周末。我从中得出的结论是：你不能把自己的生活方式强加给为你工作的人……我认为，如果说有什么东西让我在这个行业中有了点名气的话，那就是任何一个曾经为我工作过的人都想再次为我工作。"

对于成长中的领导者来说，理想的上司也许应该是一个有显著缺点的好上司，这样你就能够同时在什么该做和什么不该做两方面学到所有复杂的教训。

幸运超级市场的前首席执行官唐·里奇说：

> 难以相处的上司真的可以考验你的信仰，而你可以从他们那里学到所有你不想做或不赞成的东西。我曾经遇到过自己必须忍受或闭嘴的情况；我不想忍受，于是我辞职，回到学校去做一个大学的管理者，开始一个新的职业。没过几年，我的那个上司离开了公司，而我被重新聘了回去。最终，我成为了公司的首席执行官。

里奇也曾经为一些非常优秀的上司工作过，但对他产生了决定性影响的是那个难以相处的上司。

如果跟了一个糟糕的上司，成长中的领导者可能不得不“努力地向上升”。

雪莉·赫夫斯特德勒说：“实际上，有些人真的想让这个世界去照顾他们，而不是反过来。这样的人指望着下属去关照他们。对于这样的人，只有一次危机，例如，一场重病、一次威胁生命的遭遇、一次个人财产的重大损失等，才能够改变他们或者是他们的这种倾向。”

对于成长中的领导者来说，理想的上司也许应该是一个有显著缺点的好上司，这样你就能够同时在什么该做和什么不该做两方面学到所有复杂的教训。

超越逆境的智慧

欧内斯特·海明威说过，世界会让我们伤痕累累，但最终我们的这些伤处会长得更加结实。这无疑适用于领导者。他们重新振作的能力容许他们去达到、去实现自己的愿景。

罗伯特·多克森对我谈到了他被美国银行解雇的事：“那是发生在我身上最有意义的事件之一，如果你能在挫折之后重新振作，那就能从中学到很多东西。”

著名的科学家和社会活动家马蒂尔德·克里姆曾经克服了一个更加严重、更加私人的障碍：“我总是觉得自己有点与众不同。”。

这让我想到了所谓的“沃伦达因素”，一个我曾经在《领导者》一书中描述过的概念。因此，在这里我将简要地重述这个概念。1978 年，当伟大的高空杂技演员卡尔·沃伦达在做最危险的高空行走时坠落身亡。之后不久，同为高空杂技演员的妻子说：

> 在不幸发生前的几个月里，卡尔满脑子想的都是坠落。那是他平生头一遭想到坠落；在我看来，他把自己所有的精力都放在了不要坠落上，而没有放在走钢丝上。

如果我们在做事时更多想到的是失败而不是怎样做好它，那我们就不会成功。

ON BECOMING A 领导力箴言 LEADER

领导者可以把经验转化为智慧，并反过来改造其组织的文化。就这样，整个社会也得到了改造。

像吉姆·伯克在20世纪80年代早期必须要应对的泰诺危机这样的经历，没有几位美国的领导者有过这样的经历——与我交谈过的其他领导者都没有这样的经历。那是一场可能毁掉整个强生公司的灾难，但是危机之后，强生和伯克都变得比以前更强大了。伯克详细地讲述了那场危机，很显然，那期间他从来就没有想到过失败。

你可能还记得，有好几个人因为服用了被投毒的泰诺胶囊而身亡。相关的报道像烈火暴风一样席卷全国，而没有人知道是谁投的毒、为什么投毒以及有多少包药品受到了污染的事实，让这一事件变得更加引人注目，也更加令人恐惧。伯克立即接管了这件事。“我知道我必须站出来，也知道我能处理好，我一生中从来没有上过电视，但是我了解电视，也了解公众。我派了三个独立的小组去做调查：一个从整个强生公司的角度去关注这些报道，一个从产品的角度去关注，另一个则带着电视摄像机出去访谈消费者。每天晚上我都会把这些录像带拿回家，并且确保其他的决策者也会看到它们，这样我们就能够听到人们的声音，看到他们的表情，对他们的情绪和反应有所了解。

我曾经接受过市场调查和消费营销方面的培训。我了解媒体。我是一个新闻迷，而且以前也与媒体打过几次交道。我认识新闻节目的负责人，知道该给谁打电话，该怎样与他们交谈。我并不急于亲自上电视，但我在努力地让他们理解这个问题以及负责任地处理它的必要。我知道，从长远来看，公众将不仅仅因为泰诺和强生而作出决定，还会考虑到我们通常怎样销售非处方药品。我每天要在这间屋子里待上 12 个小时。我征求来自各方面的建议，因为以前还没有人处理过这种问题。它是全新的。

对于这次事件，我的儿子说得很有趣。他说我有一种强烈的人生哲学，在突然之间受到了一次意外的考验，而我所有的经验都以一种独特的方式得到了利用。有几个非常能干的人对我说，他们做不到我正在做的；在这时，只有一个人支持我。我知道我们都不是坏家伙，而且我相信我们会得到公正的对待。但是当我决定去上电视节目时，公共关系部的负责人对我说，这家公司有史以来还从未有人做出过这么糟糕的决定，任何一个让公司冒这种风险的人都是极其不负责任的；说完这番话，他就气冲冲地摔门而去。

很多年以前，我曾经与另一位男士一起参加了与两位女士的约会，而其中的另一位男士就是资深节目主持人迈克·华莱士（Mike Wallace）。

我见到了他和他的制作人。这位制作人是我见过的最难缠的一个家伙，他曾经做过检察官，他的行为举止就像一个检察官。总的来说，只要对他们绝对坦诚，我们就会赢得他们。我们就是这样做的。在节目播出之后，我们做了些调查。在看了节目的群体当中，倾向于购买我们的产品的人比没有看节目的群体多5倍。

我认为这一切都是奏效的，因为我确信作为一家公司，我们拥有以前从未得到利用的巨大力量。而且，我们给全国所有的医生都打了电话，询问泰诺的事。在公司内部已经万事俱备，包括精神力量。我们几乎是在一夜之间就开发出了新的包装方法，尽管在正常情况下那要花上两年的时间。但最重要的是，我们的确把公众放在了第一位。我们从来没有对他们隐瞒任何事情，做到了最彻底的正直。这恰恰印证了我的信仰：如果你坦诚相待，一切问题都会得以解决。

我每天都以没什么营养的快餐来填饱肚子，晚上也只睡大约三四个小时，但这似乎从来没有让我心烦。我认为，人的身体真的可以产生处理紧急事件所需要的化学反应。我还认为，是我知道我们干得不错这个事实在支撑着我。我确信我们将能够挽救这个品牌；事实证明，我们做到了。”

作为很多创新者中的一员，伯克出现在1988年6月那一期《财富》杂志的封面上——这是他理应得到的赞誉。

经历当中有魔力，也有智慧。压力、挑战和逆境当中的魔力越多，智慧就越多。危机往往造就了考验领导者的熔炉。

领导者可以把经验转化为智慧，并反过来改造其组织的文化。就这样，整个社会也得到了改造。这个过程既不是有条不紊的，也不一定是合乎逻辑的，但对我们来说却是唯一的。

作为最伟大的大提琴家以及前南加州大学的教授，林恩·哈勒尔（Lynn Harrell）有一次在《欢呼》（*Ovation*）杂志上写道："埃，魔力几乎是不可能传授的。在南加州大学由我授课的班上，12 名很有才华的学生和我一起不断地探索，试图找到某种方法来定义无法定义的东西……但最终，他们还是得走进乐队当中自己去顿悟。没有什么能够替代乐队的魔力。正因如此，如果我感到他们正在与这种经验隔绝开来，我就会像一条看门狗一样狂吠起来……我还记得年轻时在矜持和平庸的心理形成之前，像这样敞开自己的心灵和头脑是一种怎样的感觉。"

经历当中有魔力，也有智慧。压力、挑战和逆境当中的魔力越多，智慧就越多。危机往往造就了考验领导者的熔炉。看看"9·11"之后，鲁道夫·朱利亚尼（Rudolph Giuliani）的改变就可以知道这一点。

在恐怖分子袭击纽约之前，朱利亚尼被认为是一个缺乏同情心的跛脚市长，正陷于与妻子唐娜·汉诺维（Dorma Hanover）离婚的困境之中。但在灾难当中，朱利亚尼展现了天才的领导才能，他描绘了勇敢坚韧的纽约的美好未来，把人们从满目疮痍的悲伤中拯救出来。双子塔坍塌之后，朱利亚尼持续地、不知疲倦地穿梭在各种场合当中，从劝阻社会名流离开世贸遗址，到陪伴因救灾而失去生命的消防员的亲属。就像德国的"闪电战"令丘吉尔成为真正的领导者，"9·11"也令朱利亚尼成为真正的领导者。用媒体的话来说："丘吉尔藏在棒球帽中。"

"

WARREN BENNIS

THE LEADERSHIP CLASSIC

通过赢得人们支持自己的能力，
领导者能够促使组织文化发生必要的改变，
实现他们的愿景。
对一位卓越的领导者来说，
你无法强迫人们付出太多；
在大多数情况下，
如果人们敬佩他们的领导者，
相信那个人对组织的未来有某种愿景，
他们就愿意付出更多。

"

ON BECOMING A LEADER

08 赢得人们

朋友们，再接再厉，冲进缺口去……
一鼓作气，向前冲吧！
一边冲，一边喊：“上帝保佑亨利、英格兰和圣·乔治！”

——威廉·莎士比亚
《亨利五世》

I believe that trust is the underlying issue in not only getting people on your side, but having them stay there.

我认为信任不仅是赢得人们的关键。

而且也是让他们留下来的关键。

是什么让我们勇往直前地冲向缺口——即使我们追随的领导者并没有莎士比亚描写的那种语言能力？有人认为那是领导魅力，你要么生来就有这种魅力，要么就没有。但我认为没有这么简单。在我的研究中，与我交谈过的很多领导者都不能说是很有领导魅力的，然而他们还是能够激发同事们对他们的信任和忠诚。**通过“赢得人们支持自己”的能力，领导者能够促使组织文化发生必要的改变，最终实现他们的愿景。**

埃德，本书前面提到的向环境臣服的那位高管，就不是这个群体中的一员。当我第一次见到他时，人们对他的不满恰恰是因为他缺乏人际能力。当然，埃德最终的问题要远比这严重得多，但是在有关领导力的讨论中，人际能力理应得到比现在更多的关注。其中有些能力是可以教授的，但我不能肯定所有的人际能力都可以教授。例如，就像领导魅力一样，共情能力可能就是一种人们要么生来就有、要么就没有的东西。不是所有的领导者都具有共情能力，但是很多都有——就像马蒂·卡普兰所说：“我知道有一些人丝毫不具备这些东西却仍然是领导者，但那些具备了这些品质的领导者更能打动我、激励我。”格洛丽亚·施泰内姆补充说："有很多杰出的人非常不善于共情。"

共情与共识

作为哥伦比亚广播公司的高管，芭芭拉·科迪通过共情能力来工作，她把共情能力看成是特别女性的东西："我认为，女性看待权力的方式一般与男性不同。我不需要任何的个人权力，尤其是控制他人的权力。我希望拥有的那种力量，是可以让公司顺畅运转、让员工有效工作的力量……作为妈妈、妻子和女儿，我们女人一直都是照顾者；在我们的生活中，有很多照顾者都是女人；甚至当我们已经取得了商业上的成功时，还要继续扮演照顾者的角色。我们觉得那很自然。我不仅认识所有为我工作的人，还知道他们的丈夫或妻子的名字，还有他们的孩子的名字；我知道谁一直身体不太好，知道该询问哪些情况。我认为，这在一个工作环境中是首要的。这正是人们看重的东西，是他们愿意留在这里、忠于组织、关心手头工作的原因。我觉得，它是一种特别女性的东西。"

接受我访谈的男性领导者也谈到了共情能力。赫布·阿尔珀特说："与艺术家打交道，关键是要对他们的情绪和需求保持敏感，要给予他们发言的机会，以便他们能够诉说委屈或者提出非常好的创意。"

共情能力并不是艺术家的专利。幸运超级市场的前首席执行官唐·里奇说："我认为，对人们最大的激励就是让他们知道，他们的同伴尤其是上司不仅知道他们的存在，而且相当密切地关注着他们在做什么，几乎每天都与他们联系在一起。这是一种伙伴关系，我们其实是在一起努力办好这件事，如果有什么东西不对劲了，我们就要修正它，而不是等着看谁会被揪出来承担责任。"

当然，共情能力不是让人们支持你的唯一因素。罗杰·古尔德解释了为什么他不用控制他人也能当个好头儿：

> 我一向是个有点喜欢单独行动的人，但是当我成为加利福尼亚大学洛杉矶分校门诊部的负责人时，我建立了一种共识领导机制，其基础就是让团队来找出解决问题的办法。如果我们遇到了一个问题或者接到了一个投诉，我们会立刻公开地处理它。我是上司，但这并不意味着只有我应该或者只有我能够负起责任。每个人都面对着相同的复杂性，所以我们必须作为一个团队来处理它。

西德尼·波拉克这样描述领导者需要让人们支持自己的必要性：

> 在某种程度上，我认为你可以利用敬畏、威胁来领导，而且就像听起来那样威严。你可以通过吓唬来让人们跟随你；也可以通过让他们感到有义务那样做而迫使他们追随你；你可以通过制造内疚感来领导人们。有很多的领导力是来自于被领导者的敬畏、依赖和内疚。海军的新兵训练营就因此而著名。但问题是，这是在制造服从，其中还带着残存的怨恨。打个物理学的比方来说，你正在穿过介质，但你造成了很大的阻力、很大的逆流冲击。我认为，还有两种品质是让你愿意追随某个人的比较积极的因素。一个是你对那个人的真诚的信任，另一个是自私。追随者必须要相信，这种追随在当时是最好的选择。我的意思是，在他们看来，同不追随相比，追随你显然会让他们得到某种更好的东西。你当然不希望人们仅仅是因为领取了薪酬才追随你。有时候，你可以教他们一些东西。比方说：“同

> 制作另一部影片相比，制作这一部你们将学到更多的东西。”你会努力地让每一个人都觉得他们与此有利害关系。

芭芭拉·科迪使用了一些相同的话语：“赢得人们，这与精神、与团队氛围有很大的关系。我认为，这在很大程度上要求我们不能把人们推到直接的相互竞争中去——相互竞争并不是一种普遍适用的哲学。我不认为工作场所中的个人竞争是有效的。在我曾经工作过的任何一个地方，总是非常努力地帮助企业、节目组或者是下属团队摆脱内部的明争暗斗。在威胁之下我从来就没有干得顺利过。”

唐·里奇同意她的看法：

> 对一位卓越的领导者来说，真正的关键是你无法强迫人们付出太多，必须是他们自己心甘情愿地付出。而且我认为在大多数情况下，如果他们敬佩带领他们的那个人，相信那个人对公司的未来有某种愿景，那么他们就会愿意付出更多……对于怎样才能教会某个人做领导者，我没有任何灵光一现的顿悟，但是我却知道，除非某个人愿意追随你，否则你就不能领导他。

格洛丽亚·施泰内姆把“赢得人们”看成是“运动领导”（movement leadership）与“企业领导”（corporate leadership）的区别——尽管她也承认这可能对那种好的企业领导不太公平，例如里奇的领导。“运动领导要求说服，而不是发号施令。领导不是基于职务，也许职位根本就不存在。让你获得成功的，是你能够以激励的、使团结成为可能的方式传达运动的主题。运动必须要被各种各样的人所接受，而不仅仅是被一个群体所接受。例如，在我们让“生育自由”（reproductive freedom）的说法普及之前，人们挂在嘴边的是“人口控制”（population control）。“人口控制”的表述容易引起分裂，因为有些贫困人群和有些种族群体觉得这是针对他们的。问题在于表述——人口控制意味着做决定的将是他人，而不是你。“生育自由”则告诉你权力的中心在个人。这让团结成为可能……没有谁会听我发号施令，没人，甚至我的助手也不会听我的，他太精明了。我所拥有的唯一力量，就是说服或者激励的力量。”

声音与信任

贝蒂·弗里丹也谈到了通过声音而非职务来领导的观点。“我从来没有争夺过组织的权力。仅凭自己的声音，我就具有相当大的影响力。我不必非得是总裁。我最近在一所大学做了一次演讲，那里只有2%的教员是女性。来听演讲的听众非常多。我说，‘我肯定是来到了一个落后于时代的地方。’我把2%的数字告诉了他们。我说，‘让我感到惊讶的是，你们竟然还没有一起重大的集体诉讼。’你能够想象到当时房间里的气氛有多紧张。我接着说，‘当然，在里根的8年执政期里，旨在消除歧视的法律一直没有得到加强，但是现在，我们已经有了《民权赔偿法案》（*Civil Rights Restoration Act*）。你们真的处在一个容易受到攻击的位置上，因为你们的资金有一半以上是来自联邦资助的。这里只是给你们提个醒：等着瞧吧。’然后，我又接着做我的演讲。房间里的气氛立刻发生了改变。因此在最近10年里，我一直不是任何组织的负责人；我不需要是。”

声音发自领导，根本在于信任。事实上，我认为信任不仅是赢得人们的关键，也是让他们留下来的关键。

ON BECOMING
A 领导力智慧
LEADER
WARREN BENNIS

让领导者可以激发和维持信任的 4 个要素

1. 始终如一（constancy）。不管领导者自己可能面临怎样的意外，他们都不会给群体制造任何的意外。领导者是始终如一、坚定不移的。
2. 言行一致（congruity）。领导者言出必行。对于真正的领导者来说，他们信奉什么理论，就践行什么理论。
3. 可信赖性（reliability）。领导者会在关键时刻挺身而出，他们愿意在紧要的时刻给同事以支持。
4. 正直（integrity）。领导者以自己的承诺和誓言为傲。

当你具备了这 4 个要素时，人们就会站到你这一边。这些要素也同样是无法教授的东西。它们只能习得。一个像埃德那样的人永远也不会理解它们的重要性。

弗朗西丝·赫塞尔宾谈到了她在女童子军协会的工作："我认为自己遵守了诺言。我能够沟通愿景，沟通组织的前途以及对人们表示尊重。对此，个人和组织的正直意义重大。另外，我还有一种把一切都做得尽善尽美和追求卓越的激情。我们付出努力不是为了成为卓越的管理者，而是为了组织的使命。我不相信明星体制；我相信应该帮助人们确定他们能够做好什么，然后让他们放开手脚去做。我们关注的是全体会员、服务的履行以及这给组织及其 60 万志愿者带来的机会。那是一个非常令人兴奋的时期。我们正在让整个学习的生态从某个具体的班级或地点转入有问题的地区和议题，以便让所谓的问题变成以新的方式去服务的机会。"

在 20 世纪 80 年代后期，作为红十字协会的总裁，理查德·舒伯特寻求的是一次彻底的变革。“管理红十字协会要比经营伯利恒钢铁公司（Bethlehem Steel）更困难，因为首先，你是在一个完全透明的环境中工作；其次，你主要与志愿者合作；最后，这个组织的本质要求真正的领导。你永远也不能仅仅是管理，你必须领导。我把大量的时间花在了第一线。对我来说，理解我们的服务对象以及他们对我们的看法这一点非常重要。而且，我总是牢记组织的全球性。红十字协会的各个地方分会必须提供的服务只有两种：危机期间面向军人家庭的赈灾服务和援助服务。但是，我们已经建立了一个新的关注点。我们不会去努力迎合所有人的需要，我们将成为一个应急组织；基本上，我们让各个分会去确定他们的社区在这方面的需求。因此，在公众的健康和福利方面，凡是你能想到的，都有某个分会来负责料理。”

就像施泰内姆和弗里丹一样，赫塞尔宾和舒伯特必须利用他们的声音来领导。他们明白管理而不控制的道理，知道他们必须激励志愿者而不是发号施令。

没有愿景和品德，能力或者说知识只会滋生出专家治国论者；没有愿景和知识，品德只会滋生出空想家；没有品德和知识，愿景只会滋生出蛊惑人心的政客。

对于某个运动的领导者，或者对于领导者与志愿者打交道的任何情况而言，从声音出发去领导都是一个必要条件。但是，**这种利用共情能力和信任感来激励和说服他人的能力，也应该存在于所有组织中。**在《领导是一门艺术》（*Leadership Is an Art*）这本书中，家具公司赫尔曼·米勒（Herman Miller）的首席执行官马克斯·德普雷（Max De Pree）指出，那是对待每个人的最佳方式："为组织工作的顶尖员工就像志愿者一样。因为他们可以在很多的组织中找到不错的职位，所以他们在作出选择时，更多的是考虑薪水或职位之外的一些不那么具体的理由。志愿者不需要合同，需要的是契约……契约关系激发自由，而不会导致麻痹。契约关系依赖于对创意、问题、价值观、目标和管理流程的共同承诺。像友爱、热情和个人默契这样的字眼，无疑都是与此相关的。契约关系……可以满足深层次的需求，可以让工作变得有意义并带来满足感。"

英国哲学家以赛亚·伯林（Isaiah Berlin）说过："狐狸办法多，刺猬仅一招。"领导者既是狐狸也是刺猬。**他们精通自己的职业或专业，做什么都能做得很好，但他们也是熟悉基本人际能力的大师。**他们能够与组织内的下属以及组织外的同辈建立并保持积极的关系。他们不仅有能力理解组织的要素和目标，而且也有能力清楚地表述自己的见解，使之变得显而易见。他们有能力激发信任，但不会滥用信任。唐·里奇说：

> 他们（你的共事者）必须要相信你知道自己在做什么，而你也必须要相信他们知道自己在做什么，并且要让他们知道你信任他们。我总是多花一点时间，在他们必须知道的事之外多告诉他们一些东西……你必须要绝对正直地对待他们，不要要小聪明或者装腔作势；而且，你不能认为你可以操纵和利用他们。这并不意味着你必须认为他们都是明星，或者你必须认同他们所做的一切，但是我认为，这种关系应该是确实存在的。

最终，领导者可以激励合作者的能力在于理解：自我理解、对合作者的需要和需求的理解，同时理解赫塞尔宾所说的他们的使命。在这样的领导者身上，胜任能力、愿景和品德几乎达到了完美的平衡。**没有愿**

景和品德，能力或者知识只会滋生出专家治国论者；没有愿景和知识，品德只会滋生出空想家；没有品德和知识，愿景只会滋生出蛊惑人心的政客。

正如现代管理之父彼得·德鲁克所指出的，领导的首要目标是建立一个为了共同的目标、依靠工作关系团结在一起的人的群体。**组织及其领导者必定要涉及人性，正因如此，价值观、承诺、信念和激情才是所有组织的基本要素。**既然领导者要与人而不是物打交道，没有价值观、承诺和信念的领导者就是非人性的、有害的。

特别是在今天，环境动荡多变，领导者给组织指引一条清晰、一致的航线至关重要。他们必须承认不确定性，能有效应对现在，同时能预见并响应未来。**这意味着他们要不断地表达、解释、延伸、扩展，并在必要时修正组织的使命。**目标不是终点，而是让未来得以创造的理想化的过程。

正直是信任的基础

所有领导者如今都要面对的一个重大挑战是企业违法行为的泛滥，就像我们几乎每天都能在新闻中看到的那样。**如果说有什么可以侵蚀信任的话，那就是人们觉得最高层的管理者不正直、没有道德意识。共情能力和信任感的特征不仅体现在道德规范上，而且也体现在支持道德行为的组织文化上。**早在安然成为企业腐败的代名词之前，学术研究就已经把缺乏职业道德与不仅容忍而且奖励贪婪的商业风气联系了起来。在 20 世纪 80 年代后期，匹兹堡大学的威廉·弗雷德里克（William Frederick）所做的一项经典研究发现，颇具讽刺意味的是，有道德规范的企业要比没有此类标准的企业更常受到联邦机构的传唤，因为他们的规范通常强调企业资产负债表的改善。玛·卡什·马修斯（M. Cash Mathews）曾经在华盛顿州立大学发起了一项相关的研究。她发现，在所有这样的规范中，有 3/4 没有提到环境和产品安全。马修斯的结论可以说是有效的："这些规范其实是在防范对企业的侵害，而不是防范代表企业的违法行为。"

ON BECOMING A 领导力箴言 LEADER

如果说有什么可以侵蚀信任的话，那就是人们觉得最高层的管理者不正直、没有道德意识。

弗雷德里克在调查了匹兹堡地区 200 多名管理者的个人价值观后发现："人们的个人价值观正在受到企业需要的限制。"他在此前完成的一项调查 6 000 名高管人员的研究中发现，有 70% 的被调查者感到遵守企业的规范压力很大，而且往往要为了雇主的利益违背他们自己的道德标准。如果不是这些高管们仍旧对遵守靠不住的企业道德规范感到有压力，世通和因姆克隆等公司永远也不会东窗事发。

这种企业的道德滑坡直接源于底线心态。李尔谴责这种思想："我认为，在其他时代，对文化影响最大的可能是教会、学校或者家庭，而如今则是商业。放眼望去，商业中的短期思维似乎在任何地方都是对文化的最大冲击。而且这就是一种领导，因为它无疑是在让年轻人相信，除了成功和失败之外，再没有别的选择……短期思维是我们这个时代的社会病。"

其他的领导者也同意李尔的看法。他们指出，如果企业把更多的时间和注意力放在产品质量上，而不是总想着规避法律和贿赂公职人员，那么他们的盈利状况可能就会得到改善。

尽管对企业道德规范与企业盈利状况之间的关系的研究尚无定论（大多数研究表明两者之间没有关系），但吉姆·伯克却指出，有道德的企业可以始终保持赢利，就像在他管理下的强生那样。他说：

> 营造一种文化，吸引那些具备你所重视的品质的人才，这是能够做到的。你可以把这叫作领导，你也可以说它是营造一种积极的文化并清楚地沟通一个愿景。

幸运超级市场的前首席执行官唐·里奇赞同这种说法：

> 我首先相信这样一个假定：大多数人都想做有道德的人。它在一定程度上是做人的哲学。因此，如果你营造了一种风气，让人们看到你是说到做到的，而且你宣扬的那一套是奏效的，那么就不会有人因为你一边告诉他们要讲道德、一边却施加压力让他们捏造数字骗人而无所适从了。对缺乏职业道德的行为深恶痛绝，这样做对企业大有帮助。比方说，如果发现有人在毛利数字上做手脚，我们会叫他立刻改正过来。第一次我们宁愿认为他是受到了欺骗，如果再犯，那他就得走人了……道德规范不是盲目乐观者的废话。它可以发挥更大的作用……能够为这家企业工作，我是格外幸运的。在日常的决策中，我从来不必在维护公司利益与遵守道德规范之间作选择。

但是，根据时任光辉国际首席执行官的理查德·费里所说，伯克、里奇以及其他不仅仅关心短期盈亏数字的人仍旧是少数例外。他说：“有些经营美国企业的首席执行官是非常有才华的，有些高管也非常清楚地知道要想在未来有竞争力需要什么，但是他们处于左右为难的境地。要保护公司免遭恶意收购，他们唯一的办法就是让企业的股价上升。任何一个真正考虑未来的人，都是在把企业以及自己的职业生涯推向险地，因为在研发和新产品等领域投入大量的资金不会立刻带来回报……企业可能会编写出一份华丽的职位描述，其中会有大量关于长期战略的讨论，但最终，他们想要的却是一个将会帮助企业实现收益的高级管理者。”

作为高管中的一员，伯克致力于与这种社会病进行斗争。伯克唤醒首席执行官同行们警觉的做法，时至今日仍旧意义重大。李尔说：“吉姆·伯克曾经多次邀请其他的首席执行官来参加午餐会；一开始，他们全都对怎样才能改善公司形象感兴趣。他们不愿意承认公司正在让自身的形象变得越来越糟糕。随着时间一点点过去，当这些人渐渐地放松下来时，你会发现，他们全都意识到了他们需要帮助，他们的公司需要帮助。他们不是罪魁祸首——他们不是一开始就痴迷于短期思维的。他们知道那是错误的，但他们落入了无法逃脱的陷阱。他们需要有人站出来使这个错误成为公众注意的中心，以便人人都能看清它。他们可以默默地作出贡献，但却不能说‘我将不会再陷入短期思维了’。他们担负着对股东的义务，而股东是由华尔街来代表的，那是一把他们无法摆脱的老虎钳。但是，如果他们能够找到关注这个错误的办法，整个风气就能够改变，而他们也就能随之改变了。”

用你的声音推动变革

通过声音来领导，通过信任感和共情能力来激励，这要比赢得人们更有价值。它可以让风气发生足够深远的改变，给人们足够大的空间去做正确的事。当在同行们中间发出自己的声音时，像伯克这样的领导者可以改善普遍的风气，也可以改造自己的组织以更有效地应对世界。

领导者可能会发现，组织文化是积极变革的一个障碍，因为就当前的状态而言，它更多的是要保存自身而不是应对新的挑战。

在苹果电脑公司，约翰·斯卡利谈到了组织变革的必要："如果回顾第二次世界大战后的时代，你会发现我们在工业时代是世界经济的中心，教育、商业或政府等各行各业都强调自给自足，组织都是非常讲究等级的。但现在这种模式已经不再适用了。新的模式在规模上是全球性的，是一个相互依赖的网络。因此，新的领导者面临着新的考验，例如，他要怎样领导那些不用对他负责的人——在其他企业的人、在日本或欧洲的人，甚至是竞争对手。在这个创意密集、相互依赖的网络环境中，你怎样进行领导？这要求一套完全不同的技能，它们以创意、人际能力和价值观为基础。我所谈论的这些其实并不是什么新东西，但是它们现在处于一个新的环境中。过去是辅助的东西，如今成了主流。发展方向的转变是在最近十年里才发生的。传统的领导者很难解释这个世界上正在发生着什么，因为他们的解释是基于从旧模式中得到的经验；如果你把同样的一系列事件或事实放在一个不同的模式中，你可能就无法解释它们。"

通过声音来领导，通过信任感和共情能力来激励，这要比赢得人们更有价值。

斯卡利接着说道："我以前在百事可乐的上司和IBM现在的负责人都是第二次世界大战时的战斗机飞行员。第二次世界大战时的飞行员将不再是如今领导者的主要代表。新一代的领导者将更有智慧。从工业时代进入信息时代意味着什么呢？作为领导者和管理者，我们除了必须要在组织的背景中改变管理方式之外，这个世界本身也在变化，变得更加创意密集、信息密集。**因此，脱颖而出成为领导者的人，将是那些对创意和信息非常适应、能够被创意和信息激励的人。**

“我过去习惯于到很多公司的董事会去任职，以便能够学到些东西，但是自从来到苹果电脑公司以后，我就退出了所有的董事会。”

进入加州联邦银行之后，罗伯特·多克森必须要改变那里的消极风气：“在我刚来这里时，没有一个人愿意教我怎么做。这是一家四分五裂的公司，内部有很多诸侯派系。他们甚至相互都不说话。我很怀疑自己是不是自己犯了一个非常严重的错误。公司有 11 位高级副总裁，他们全都想坐上我的位子。我决定，不进行内部清洗，我要把他们全都争取过来，让他们与我合作而不是对抗我，我做到了。”

> 我认为，在你打算改变一个公司的文化时，要做的第一件事就是赢得人们，让他们看到你想把公司带到哪里。信任至关重要。只要你别跟他们耍花招，把一切都摆到明处，开诚布公地交流，他们就会信任你。即使你不是非常善于表达，你理性的真诚也会传达出去，他们也会接受你的真诚并做出积极的回应。
>
> 我认为，你会信任一个有愿景，并且能够让大家明白他的愿景是“应该做正确的事”的领导者。我相信这家公司能够成为最有影响力的金融机构之一；我希望我的继任者，不管是谁，也有这样的愿景。我不希望他来管理，而希望他来领导。

吉姆·伯克在强生看到了很多令人欣喜的地方，但也发现了一些差距：

> 我有一个真实的愿景。我认为我看到了未来是怎样的，而且我清楚为了实现那样的未来我们需要做些什么。我开始了解在价值系统方面我们有什么，在理解复杂的营销原则方面我们缺什么。我发现其中有一个真空地带。
>
> 强生的环境有助于人们学习领导力，因为我们公司高度的分散化。约翰逊将军利用了产品经理的系统，因为他发现随着组织的规模变得越来越大，在整体内建立较小的实体来完成各种任务就显得越来越重要。他希望通过下放决策权来促使整体内的各个经营单位释放出创造活力。
>
> 我一向认为，富于创造力的混乱和冲突是有益的。有时候，我会仅仅为了挑起争论而故意站到相反的一边，因为那样我会思考得更清楚，而系统也会运转得更有效。
>
> 组织越自由，系统的多样性越丰富，从中脱颖而出的领导者就会越多。美国商业的一个问题就在于，我们习惯于奉行一个领导者的风格，让他的风格渐渐地与组织融为一体。这会导致垂直的层级制组织，我认为那是错误的方式。因此，我们采取了分散化和开放的方式，让人们能够以各不相同的方式完成各种具体的任务。

与我交谈过的所有领导者都认为，人员和组织的变革是必要的。在他们看来，变革就等同于成长和进步—包括有形的和无形的。的确，可以说他们现实生活的内容就是变革。但是，整个世界的变革也可能是一个障碍。“无法控制的环境”往往正是组织所面对的现实。

当然，变革不是什么新东西。在亚当和夏娃离开伊甸园的时候，亚当很可能说过："我们正在进入一个转型期。"我已经写了三十多本书，在某种意义上，其中的每一本都必须涉及变革、应对变革。尽管如此，如今这个世界还是要比以往任何时候更多变、更动荡、更容易突然痉挛。不确定性疯狂地滋长。更糟糕的是，在很多情况下，我们甚至无法确定这种动荡的原因或来源。

领导者不仅要管理变革，还必须在自己的生活中适应变革。正如上面提到的，芭芭拉·科迪说："我已经至少做过 4 种完全不同的职业，而且很可能会有第 5 个。"话音刚落，她就已经转换到了南加州大学，成为了一位媒体学教授和行政官员。

他们预见未来，不仅小心脚下，而且还看着前方；他们把变革看成是机会而不是障碍；他们接受变革而不是抵制它。

马蒂·卡普兰在离开非营利组织阿斯彭研究院（Aspen Institute）后去了华盛顿特区的迪士尼影业公司，最近，他又离开迪士尼去了南加州大学。当我在迪士尼采访他时，他说："这一行有个很有趣的地方——你能够以很多不同的身份参与其中。我对向上爬没什么兴趣；我几乎已经决定了，明年的某个时候我将改变自己在这一行中的角色，进入一个需要我再次开始学习的领域。我猜我将成为一个编剧和制作人。"

艾尔弗雷德·科茨乔克坚持要在他与希伯来联合学院的合同中加入一个免责条款："我基本上可以在这里待到退休，这也正是他们所希望的。我坚决要求他们在其中加入这个条款，以防哪一方变得不满意，那我们就必须坐下来谈谈了。如果我对自己正在做的事情没兴趣了，那我一天都不想多待；如果他们对我所做的不满意了，那他们也不必再留我，哪怕一天；这个条款在最近 17 年里一直有效……他们知道我坚持的核心问题是什么。如果上述情况真的发生了，他们知道我肯定已经准备好了辞呈。"

唐·里奇也说："你应该保留'放弃'的能力，接着去走你自己的路。那确实可以解放你自己。"

这些领导者还在继续以自己的方式应对这个世界的变化：**他们预见未来，不仅小心脚下，而且还看着前方；他们把变革看成是机会而不是障碍；他们接受变革而不是抵制它。**任何一个初学滑雪的人都必须要记住的一个最艰难的教训是，要让身体站立在雪坡上而不陷入其中。自然的倾向是尽可能地贴近雪坡，因为那样让人觉得更安全、更放心。但是，只有当滑雪者站起身来时，他才能够开始滑动并控制自己的身体，而不是被雪坡所控制。组织的新人也是这样：靠近组织的雪坡，让自己的身份认同湮灭在组织的身份认同当中。领导者会高高地站起，自己控制滑行路线，并清楚地知道这条路线通向何处——至少是在雪花开始飘落之前。

抗拒变革就像抗拒天气一样徒劳，它是那么地没完没了、不可预测。领导者就活在变革当中，组织也是。要让这个过程变得容易，组织能做的还有很多。

“

WARREN
BENNIS

THE LEADERSHIP CLASSIC

组织是这个时代的主要形式，

也是主要的塑造者。

领导者必须保证组织是正直的、有道德的；

他们必须重新设计组织，

以便按照更加人道和尽责的方针重新设计社会。

在成为领导者的过程中，

组织或鼓励或限制着有潜力的领导者。

”

ON BECOMING A LEADER

09 组织，是助力还是阻碍

我认为，人们所说的必要的制度，就是人们已经习惯的制度；而在社会制度方面，可能做出的选择要比人们所能想象出来的选择要广泛得多。

——亚历克西斯·托克维尔
《论美国的民主》

The organization itself should serve as a mentor.

组织本身就应该做一个导师。

09
组织，是助力还是阻碍

在变革浪潮的冲击下，在一代人之前尚不存在的力量的推动下，在各方各派的围攻下，大多数组织仅仅是在顽固地防御。但是，这就像一个古老的笑话所说的那样：他们把货车围成一个圆圈来抵御核攻击。他们以为自己不动，就不会受到冲击。但实际上，在这个圆圈之外，一切都处于运动变化之中。

虽然越来越多的组织声称欢迎变革，但变革仍像从前一样令人不安。近些年来，非营利组织已经看到他们的成本在不断上升，收入来源却在枯竭，捐赠基金在萎缩，使命受到了挑战。20世纪早期普遍的贪污腐败曾经让揭发者们忙得不亦乐乎。最近，大规模爆发的丑闻又再一次把美国的企业界搅成了一潭浑水。即时通信和全球化是我们的新现实；正因如此，市场在按照前所未有的节奏起舞。工作本身的性质已经改变，因为越来越多的人有过一系列的职业，而不是终生献身于某一个组织机构。保罗·格蒂（J. Paul Getty）曾说，他有三个成功秘诀：第一，早起；第二，勤奋工作；第三，找到石油。

不知什么原因，如今再也没有什么秘诀看起来可以这么简单了。

影响世界的三大变革

我们不能把变革看成是敌人——相反，变革是个人成长和组织救赎的发起者。只有通过改变自身，组织才能重新回到游戏中并触及事物的本质。

如今，有三种关键力量影响着这个世界：技术、全球性的相互依存、人口统计特征与价值观。

技术

最近几十年里，最重大的发明是集成电路。如今，40 个员工就可以生产出曾经需要 1 200 个员工生产的东西。曾经有人说过，未来的工厂将由一个男人和一条狗来管理；男人的职责是喂狗，而狗的职责将是防止男人去碰机器。

计算机以及互联网的出现已经改变了这个世界。互联网加速了虚拟社区的形成，让很多志趣相投但从未谋面的人结成了集体，而如果没有互联网，他们可能永远也不会找到彼此。由此产生的结果有积极的也有消极的。身在世界各地的人们，可以一起来完成规模空前的创造性协作。业余的天文爱好者也可以帮助我们发现过去只能由伟大的天文学家眺望的天体。在不利的方面，国际恐怖分子正在利用互联网组织针对世界各地人群密集的建筑、夜总会以及其他“软目标”的袭击。

很难估计数字技术对我们的生活有多大的影响。20 世纪的人们从未听说过博客，而现在在这个互联的世界中，它成了人们日常生活的必需品。2002 年有 1.5 万篇博客。到 2007 年中期，大约有 7 000 万篇博客。因为有免费、易用的软件，每个人都可以写博客，而且似乎每个人都在写博客。专家用他们的博客分享知识，公司利用博客宣传品牌和进行危机控制。人们用博客推销自己，怪人们则在博客中写满天马行空的想法。在2008年的美国总统选举中，各个政治派别的博客发挥了很大的作用。它们进一步削弱了主流媒体日渐衰微的力量，导致了大量自主编选的公民刊物的出现。博客写手成为揭发者，迫使公司和政治领导者更需要为自己的行为负责，迫使那些试图控制舆论的政府部门更加透明化。博客催生了无数的新时尚，也给传统的认识带来了挑战。MySpace和Facebook这样的社交网络改变了我们相互联系的方式，把我们展示给世界。而在另一方面，互联网在制造名声的同时也能破坏人们的名声，就像青少年因为受到网上攻击而自杀的悲剧事件那样，这种情况似乎经常发生。

组织是这个时代的主要形式　也是主要的塑造者。

在有利的方面，成像技术正在破译大脑的秘密，揭示参与经济决策和其他人类行为的特定的大脑区域。现在我们知道，大脑远比我们过去认为的更加具有可塑性，直到我们成年后还能够很好地发育和修复。如今的生殖技术，可以让孩子以过去只在科幻小说中才有的方式来到世上。遗传密码已经破解，动物克隆已成现实。所有这些突破都是引人瞩目的，但是毫无疑问，新的重大发现还会从某个不被人们注意的生物工程实验室里冒出来，而同这些潜在的发现相比，上述的突破肯定会黯然失色。

全球性的相互依存

20年前，日本正在迅速地成为世界经济的重要参与者，美国的营业时间往往是从查询日元对美元的汇率开始。洛杉矶商业中心区的一半都为日本人所拥有。在美国的外国投资分布非常广泛，遍及房地产、金融和商业等领域，足以成为一个引起国民关注的问题。

今天，全球互联意味着在一个国家发生的失误或不当行为很容易波及每个经济体、每个国家。美国发生的次贷危机使全世界的各个经济体都陷入恐慌。经济上的好处也受到了更广泛的分享。硅谷在全美都有复制体，比如在奥斯汀、得克萨斯，在爱尔兰、印度、中国和其他很多国家及地区也都有高科技中心。当爱尔兰经济开始衰退时，曾经充满冲突的北爱尔兰开始吸引高科技工作。曾经欧洲的27个国家拥有的接近5亿人口，创造了世界国民生产总值的30%——2007年为16.8万亿。中国的经济实力大幅提升，并且随着13亿人口被压抑的创业活力被释放出来，其经济实力还在持续增长。麦肯锡研究预测，在下一个10年，随着新兴国家的个人年均收入达到5 000美元（个人拥有可支配开支所需要的最低值），全球市场将出现10亿新增消费者。

人口统计特征与价值观

美国的人口正在步入老龄化，情况非常严重。根据2000年的人口普查结果显示，年龄超过50岁的美国人有7 700万，在10年里增长了21%。超过50岁的人口是美国增长最快的年龄组，他们需要一系列的新商品和新服务。2008年，3 870万美国人年龄超过65岁，占总人口的12.7%。到2050年，将有8 850万美国人年龄超过65岁，占人口总数的 1/5。老龄化的一个严重后果就是年轻的美国人将越来越担心，他们将不得不为退休的老年人背负财务重担。在很大程度上，由于美国的老年人比以往更健康了，所以他们正在重新定义老年，就像他们在 20 世纪六七十年代所做的那样，越来越积极地参与老年事业。与此同时，美国持续受到青少年占比较少带来的困扰。另外，“婴儿潮”一代和其他的老年人都在担心阿尔茨海默病这类灾难性的疾病——这种恐惧已经催生了特有的行话，几乎每当一个老年人记不起人名或电话号码时，他都会把“老人瞬间失忆”当作神奇的咒语挂在嘴上。

职场的人口统计特征也发生了改变。在 21 世纪初期，进入职场的劳动大军只有 15% 是白人男性，25% 是白人女性，其余的是拉丁美洲人、非裔人和亚洲人。拉丁美洲人在美国人口中是增长最快的。1990~2000 年，他们的人数增加到 3 530 万，增长幅度超过 50%。2008 年，拉丁美洲人达到 4 670 万，占到美国人口总数的 15%。2000 年以来，拉丁美洲裔人数已经超过非裔美国人，后者为 4 110 万，占人口总数的 13.5%。到 2050 年，这个差距还将拉大，拉丁美洲裔人数有望达到 1.328 亿，非裔美国人为 6 570 万。（2008 年，亚裔和太平洋岛国仅占 5%。）美国的拉丁化正在改变一切——从国家政治到消费品的营销方式。同时，越来越多的美国人认为自己是多种族后裔。美国总统奥巴马的父亲来自肯尼亚，母亲是来自堪萨斯州的白人，这可能会加深人们对于自己多种族身世的看法。

美国的消费者正在变得越来越精明，更加重视产品的质量和安全性，更看重服务，更多亲睐能够帮助他们节约时间和能源的产品。甚至是在购买非常耗油的、高端的运动型多功能轿车时，也有越来越多的美国人开始关心环境和地球的健康。而且，随着越来越多的父亲和母亲进入职场，美国人更加渴望生活的平衡，寻求减轻压力和简化忙乱生活的各种方法——从芳香疗法到瑜伽。

上述每一种变革都有着巨大的冲击力和影响力，然而它们合在一起，再加上它们之间的多重互动，就形成了一次革命。一次进步的革命，总是会在它穿过的地域中引发变化和崩塌。

以前，一家公司开发一种新产品，然后推广它、销售它。当然竞争是存在的，但每一家公司都在消费舞台上拥有足够的空间。现在情况就完全不同了。汤姆·彼得斯曾经描述了20世纪80年代做生意的典型场景。当一家公司准备推出一种产品时，他们会发现如下竞争者：

- 一个来自韩国的新竞争对手。
- 一家已经大幅削减了成本并提高了质量的日本公司。
- 一家或几家新创立的美国公司。
- 一家采用了新方法的历史悠久的美国公司。
- 一个长期的竞争对手被卖给了一家有着非常好的分销渠道的公司。
- 一家现在已经有了电子分销系统，从而能把交货时间缩减75% 的公司。

此外，他们还会发现必须要完成如下的新任务：

- 确定细分的目标市场。
- 响应消费者迅速变化的新需求和新品位。
- 应对货币的升值与贬值。
- 当自己的国家出现债务违约的时候，承受海外供应商的服务终止。

如今，市场变得更加复杂——尽管要把自己的新产品推向大部分的欧洲市场，这家公司需要担心的只有欧元的波动。同汤姆设想的相比，利基营销（niche marketing）变得越来越重要了。例如，它已经改造了期刊行业，使得如今面向特殊兴趣群体的期刊似乎是唯一繁荣的类别，其中包括大量像《返璞归真》（*Real Simple*）这种就怎样放慢生活节奏提供指导的杂志。在互联网的推动下，游击营销（guerrilla marketing）如今已是常态。新的竞争对手可能在一夜之间冒出来，从那些不能迅速前进的公司巨头手中抢夺市场份额。

除了彼得斯给出的列表，请再看看如今这个时代的其他一些现象：

- 互联网和万维网。
- 有线电视和卫星传输。
- 单亲家庭、职场母亲、单身家庭、非传统家庭。
- 住房成本猛增，只有 1/5 的家庭能够买得起住房。
- 健康维护组织兴起、患者的不满上升、保健和医疗成本的大幅上涨。
- 电子商务。
- 社会喜好诉讼和充满对抗的特征。
- 分裂的、破碎的全体选民。
- 非英语人口和文盲人口的增加。
- 无家可归者的增加。
- 吸毒和贫穷似乎始终阴魂不散。
- 国际恐怖主义。

今天，因为组织是首要的社会、经济和政治形式，而且商业是美国占主导地位的文化力量，商业组织必须要应对社会中发生的这些影响深远而又广泛的变化。很多新的组织和公司已经在一定程度上制定了针对性的计划，以求在这种易变的环境中有效地运转。但是，美国商业最近一次伟大的全面改造发生在1890~1910年，也就是现代企业开始形成的时候。现代企业有两个主要特征：多重的经营单位与管理层级。很显然，现在是该再一次改造的时候了；对于这样的一次改造，核心是组织对待员工的态度。

组织是这个时代的主要形式，也是主要的塑造者。组织应该是一个社会建筑师——这意味着组织的高级管理者也必须是社会建筑师。

ON BECOMING A LEADER WARREN BENNIS

领导力智慧

组织管理者的特征

首先，他们必须保证组织是正直的、有道德的。

其次，他们必须重新设计组织，以便按照更加人道和尽责的方针重新设计社会。

总之，他们必须是领导者，而不是管理者。

那些伟大的美国企业都是其创建者的体现和延伸。福特汽车公司就是亨利·福特，通用汽车公司就是艾尔弗雷德·斯隆，美国无线电公司就是戴维·萨尔诺夫。如今的企业也是其领导者的体现，但事情不像以前那么简单了；这些体现往往是破碎的。此外，过去那些伟大的企业都是变革的推动者——亨利·福特付给生产线员工的工资是前所未有的一天5美元！如今，大型企业往往都是变革的牺牲品。

在这个服务密集、信息密集的时代，每一个组织的首要资源都是它的人才。直到20世纪90年代的互联网泡沫崩溃之前，已经有越来越多的组织开始认识到创意以及有创意的人才是他们的宝藏。优秀人才受到了企业的追捧，得到了各种方便和丰厚的回报。但是随着经济在 2000 年开始冷却下来，很多组织再次把员工看成是可交换的负债，而不是独特的资产。这种过时的态度使得组织忽视其所有成员的潜在贡献，妨碍组织在改造自身的努力中充分地利用其主要资源。像个人一样，组织也必须从经历中学习，并充分地施展自身及其所拥有的资源；像个人一样，组织如果想履行自己的承诺，也必须去领导而不仅仅是去管理。

尽管存在着反犹太倾向和其他的性格缺陷，亨利·福特仍是一位有着非凡愿景的领导者。那种愿景体现在福特汽车公司身上。但是就像世界本身一样，愿景也是动态的，不是静态的，必须得到更新、改变和调整。当愿景变得过于黯淡时，就必须要抛弃、替换它。

像个人一样，组织也必须从经历中学习，并充分地施展自身及其所有的资源；像个人一样，组织如果想履行自己的承诺，也必须去领导而不仅仅是去管理。

福特汽车公司在日渐衰退之前，继续着其创始人的愿景。如今，福特公司正试图找到一个新的愿景，以求能够生存下去。在多年亏损数十亿美元之后，汽车行业努力希望在 21 世纪的背景下再造。2008 年，福特汽车和其他汽车公司希望获得政府的支持，以便给他们足够的时间来开发混合动力汽车和绿色轿车。如果福特汽车公司能够最终获得成功，那必将是协同努力的结果，包括企业领导者、创新的设计师、工人们、工会和相信汽车行业值得拯救的政府官员。用音乐术语来说，拯救福特公司和它的竞争者依赖于弦乐四重奏乐团所有成员的协同努力，而不是依靠亨利·福特的财富和名望在某个时刻的独奏。

现在，只有少数企业真正开始利用自己的首要资源，也就是人才资源，更不用说给他们提供各种便利，让他们充分地去发挥和施展了。实际上，有很多组织采取了截然相反的策略，回避对员工的忠诚，限制而不是培养他们，并且几乎只关心盈亏数字。在20世纪80年代，《纽约时报》曾经把“无情管理的一代”作为当时企业管理的特征。从1993年开始，“公司再造”成为时尚，而这往往意味着大规模地裁员，而不是去反思每一个运营步骤。无情管理也许能够暂时地抵挡改变，但是只有富有远见的领导才能够保证长期的成功。把人才奉为上帝的互联网公司一度取得了令人咋舌的成功，这就是证据。**当有远见的领导与可靠的商业实践结合时，结果就可能是持久的成功。**

在《乱中求胜》（*thriving on Chaos*）一书中，汤姆·彼得斯认为，能够持续成功的组织具有某些共同的特征。

ON BECOMING
A 领导力智慧
LEADER
WARREN BENNIS

成功组织的特征

- 更加扁平化、更少层级的组织结构。
- 更加自主的经营单位。
- 开发高附加值的产品和服务的导向。
- 质量控制。
- 服务控制。
- 快速响应。
- 迅速创新。
- 灵活性。
- 既善于动脑又善于动手的训练有素的员工。
- 各个层次上的领导者而不是管理者。

这些领导者将在各自的组织内承担新的任务，那些上一代人没有想到过但如今却至关重要的任务。

ON BECOMING A LEADER WARREN BENNIS

领导力智慧

领导者在组织内承担的新任务

- 定义并向其员工传达组织的使命，以便限定组织的活动。
- 营造一个宽松的环境，让人们不仅能受到重视，而且能得到鼓励和平等的对待，从而有足够的信心和热情去发挥他们的最大潜力。
- 改造公司文化，以便创造、自主和持续学习能够取代遵循、服从和停滞；要以长期发展而不是短期利润为目标。
- 把组织从僵化的金字塔结构改造为流动的环形结构，或者是由自主的运营单位构成的不断演化的网络。
- 鼓励创新、尝试和冒险。
- 通过解读现在来预见未来。
- 在组织内建立新的联系，在员工队伍中建立新的关系。
- 在组织外建立新的联盟。
- 不断地从内部和外部研究组织。
- 找出薄弱环节并加以完善。
- 站在全球而不是国内或当地的高度上思考。
- 找出员工队伍中出现的前所未有的新需求，并做出响应。
- 要主动出击而不是被动挨打，要适应模糊性和不确定性。

总之，彼得斯描述了这样一个群体——他们是在领导，而不仅仅是在管理。

要在这个动荡变化的环境中取得成功，领导者必须是富有创造力和专注力的。然而，如今在很多组织的议事日程上，无论是创造力还是专注力都不受重视，或者说不如成本之类的受重视。真正的领导者必须是全球战略家、创新者、技术大师——所有这些都要求新的知识和理解，而能够提供或者鼓励人们去获取这些新知识和新理解的公司实在是太少了。爱因斯坦曾说：“作为我们迄今所达到的思想水平的结果，我们创造了当前的世界，但它所带来的种种问题，是我们无法在同样的思想水平上解决的。”或者，就像我的一个朋友所说的：“有时候，让可乐贩卖机运转的唯一办法就是狠狠地踢它一脚。”

我们已经谈到一些遭受了粗暴对待，最终走出失败、走向成功的人。受到粗暴的对待，这是让人真正醒悟的经历。当我在麻省理工学院读研究生时，需要完成一门临床心理学的课程。我得到波士顿的一家精神病院去选个病人，然后在院方的监控下每周去看他一次。当我第一次去见那个病人时，我向他伸出手，可他却上来就给了我一脚。结果，我不得不在一个不同的层面上重新检查有关社会礼节的一切假定。同样，如今组织也需要狠狠地挨上一脚，才能幡然醒悟，颠覆原来的假定。

甘地曾说：“我们必须要成为我们希望看到的变化的一部分。”**随着组织改造自身，他们也将改造世界。迄今为止，组织对领导者的压制远远超过鼓励。**

我认为，我们已经论及了各种形式的阻碍，以及它们的影响。那么，组织该怎样鼓励领导者呢？正如我们已经看到的，领导的基础是学习，而且主要是从经历中学习。在《经验的教训》（*Lessons of Experience*）一书中，作者摩根·麦考利、迈克尔·伦巴尔多和安·莫里森（Ann M. Morrison）叙述说，当他们问那些高管们愿意给年轻的管理者提哪些建议时，他们的回答涉及三个基本主题。

ON BECOMING A LEADER WARREN BENNIS

领导力智慧

高级管理者给年轻管理者的三个建议

1. 利用每一次机会。
2. 积极寻求人生的意义。
3. 了解你自己。

当然，这些也是接受我访谈的领导者们谈到的主题。因此，组织必须给员工提供能够让他们去学习并最终去领导的各种经历。

领导者不是公司课程造就的，更不是他们的大学课程造就的，而是经历造就的。因此，领导者的培养需要的不是像“职业生涯规划”这样的设计，不是培训课程，而是组织向有潜力的领导者提供学习机会的承诺，使他们能够在一个容许成长和改变的环境中通过体验来学习。组织往往会在口头上大谈领导者培养。但是由莱曼·波特（Lyman Porter）和劳伦斯·麦吉本（Lawrence McKibbon）所完成的一项研究表明，只有10%的被调查公司肯在这上面花时间。有少数的公司已经找到了确保未来领导者的创造性的方法。其中一个最好的方法是通用电气的“人才工厂”，也就是当时的首席执行官杰克·韦尔奇在纽约州克劳顿维尔创建的名副其实的领导力中心。英特尔是培养领导的另一个先驱，他们每年花在每个员工身上的培养经费达到了创纪录的5 000美元。但是，这些组织都是例外；这种局面必须改变。因此，下面我们就来看看组织可以用哪些方法来鼓励和促进学习。

机会 = 授权

学习领导力的机会应该尽早地提供给有潜力的领导者，因为它们可以强化动力，激发有所作为的精神，增强自信心。这样的机会包括：从一线职位向规划职位的调动，以利用、检验和发展战术能力之外的规划和概念能力；专门小组任务，以检验和修正旧的政策或者制定新的政策；解决纷争；海外职位。

特殊的项目也是绝好的锻炼领导力的机会。例如：

> 20 世纪 80 年代，太平洋贝尔公司派遣团队去为民主党大会和 1984 年洛杉矶奥运会铺设临时通信系统。在这两个情况下，这个团队都必须创新、即兴发挥、想方设法让这套临时的系统高效运转，还必须克服时间紧迫的问题。总之，他们必须想方设法让贝尔公司盈利。
>
> 对于每一位团队成员来说，这都是一个富有启示的经历。事实上，这个团队要做的是设计、建造和运营一个高度复杂的电话系统，足够一个小城市使用，而这要求在一个很短的时间内完成。之后，他们要以同样的速度和效率拆除它。在成功完成任务之后，这个团队在几个基本的方面都发生了变化。他们经历了一个极端的考验，他们获得了成功。按照太平洋贝尔公司的说法，这个团队的成员通过这次考验，都已经变成了富有潜力的领导者了。

一些企业也想出了非常巧妙的办法来锻炼和考验有志成为领导者的员工。这些方法包括：

- 设立风险投资基金，让有潜力的领导者去创建新的业务。
- 把低利润的小规模业务交给年轻的管理者去经营。
- 继续保留陷入困境的业务，给有潜力的领导者扭转局面的锻炼机会。

通常，新生力量会带来新鲜的方法和创意。因此，**一个富有领导权威的年轻高管可能会给一个得过且过、懈怠懒散、情绪抵触的团队带来根本的改变。**

同样，如果工作中存在着一次新的商业冒险，不管它是一个完整的新部门、一种新产品、一项新服务，还是一次新的营销活动，组织都应该至少让有潜力的领导者成为团队中的一员，能让他们来负责那就最好了。这样的冒险将得益于他们的新观点，同时，他们也将从创造的经历中学习。

ON BECOMING A LEADER 领导力箴言

一个富有领导权威的年轻高管可能会给一个得过且过、懈怠懒散、情绪抵触的团队带来根本的改变。

作为一个打破旧习的领导者，罗伯特·汤森（Robert Townsend）在20世纪60年代带领阿维斯汽车租赁公司（Avis）走出了困境。他就非常信任从顾客的角度重新认识汽车租赁业务的高级管理者。阿维斯的每一位高管都得定期穿上阿维斯的红马甲，到公司的检测站去工作。同样，伟大的德国作曲家兼指挥家古斯塔夫·马勒（Gustav Mahler）也要求其交响乐队的每一位成员，要定期坐到观众席上去从观众的角度了解乐队的演奏。作为世界上最大规模的退休金计划——大学退休权益基金教师保险和年金协会的前董事长兼首席执行官，克利夫顿·沃顿（Clifton Wharton）说：

> 你可以在他们一步步晋升的过程中发现那些有潜力的人。帮助他们培养并发挥那种潜力非常重要。这些人在个性类型方面并没有明显的一致性。但是，他们的确有一些基本的相似点，其中的一个就是对于怎样把事情办成，他们几乎都有一种第六

感。有些人似乎就是知道，就是了解，就是有提供愿景的能力。他们具备达成目标所必需的投入和热情。

岗位轮换是给有潜力的领导者提供的另一种锻炼方法，让他们从不同的角度去更多地了解和认识组织。如今，让营销人员旁观产品规划已经是普遍的做法，但是，让产品设计和规划人员走出去了解市场，也同样应该成为普遍的做法，此外还应该给有潜力的领导者提供岗位轮换的机会，包括长期规划、客户谈判、销售以及海外职位。

风险越大，学习的机会就越多，当然失败和犯错误的可能性也就越大。正如我们在前面看到的，失败和错误是关键经历的重要来源。就像几乎每一位接受我访谈的领导者都谈到的，没有冒险就不可能有成长，没有错误就不可能有进步。事实上,你没犯错误说明你还不够努力。但是，就像错误是必需的一样，组织对待错误的健康心态也是必不可少的。

- 首先，组织必须鼓励冒险。
- 其次，组织必须把错误看成是整个过程中不可缺少的一部分，是正常现象。
- 最后，组织必须要在错误发生后采取修正措施，而不是急着责备当事人。

飞行员布鲁克·纳普说，人可以分成两类 一类是由于害怕就不敢动弹的人；另一类是虽然害怕，却仍然继续前进的人。

人生的关键不在于机会有限，而在于如何选择。健康的组织文化鼓励自主选择。在这方面，正如我们已经看到的和摩根·麦考利所发现的，有潜力的领导者从难以相处的上司那里学到的，至少不比从好上司那里学到的少。但是，反馈总是要比对抗更有建设性，而真诚也总是要比毫无意义的客套更有益、更具启发性。

所有的组织，尤其是正在成长的那些，都是在稳定与改变、传统与修正之间走钢丝。因此，他们必须要反思过去的经历，并为员工提供鼓励反思的体系结构。

意义 = 投入度

接受麦考利等人调查的高管们说，尽管找导师的想法听起来不错，但实际效果并不是很好。这要么是因为他们不能在组织的一个职位上待足够长的时间，以从这种关系中受益；要么就是因为所谓的导师是相对无效的。但是，**组织本身就应该做一个导师。组织的行为、气氛和步调会有积极或消极的启示，组织的社会价值观和管理价值观会有非常大的影响力。**如果组织的意义、愿景、目的和存在的理由都不明确，如果组织不以看得见的方式奖励工作出色的员工，那么鼓励反思的结构就是不完整的；实际上，组织就是在盲目地乱撞。

ON BECOMING A LEADER WARREN BENNIS
领导力智慧

公司愿景在三个层面上发挥作用

1. 在战略层面上，愿景是组织最重要的哲学。
2. 在战术层面上，愿景是哲学的实践。
3. 在个人层面上，愿景是哲学在每个员工的行为上的体现。

比方说，如果你想考察公司零售业务的效率，那就看看任何一家商店中任何一个店员的态度吧。如果店员是粗鲁无礼、愚昧无知、不可救药的，那么很可能要么最高管理者不称职，要么就是组织缺乏一个有凝聚力的愿景。把前面提到的爱默生的陈述引申一下就是：**组织仅仅是它自身的一半，另一半是它的自我表现。**

反思在每一个组织的各个层面上都至关重要。在如今紧张忙碌的气氛中，筋疲力尽是一个非常真实的威胁，所以，所有的高管都应该实践新的 3R 原则：**休假（Retreat）；恢复（Renewal）；回归（Return）**。

高等教育界早就已经认识到了公休假的重要性，其他的组织也应该认识到这一点。时任数字设备公司首席执行官的肯·奥尔森（Ken Olson），每年夏天都会拿出两周的时间去划独木舟，并且断绝与办公室的所有联系。曾经担任检察官的杰米·拉斯金说："当我已经完成了自己的所有工作，并且与每一位该沟通的人都谈过了之后，再也没有什么能挡住去路的时刻就到来了，而这时我会最强烈地感受到自己内心那些最真实的东西。""再也没有什么能挡住去路的时刻"，正是在这样的时刻，意义开始浮现，理解、新的问题以及新的挑战也开始显现出来。

约翰·斯卡利总结说："组织里可能有很多东西压制和扼杀了有潜力的领导者，例如，文化的根源以及流程当中的官僚作风等，都可能给想要成为领导者的人才制造巨大的困难。"但是，组织也可以做很多的事情来确保最有才干的员工脱颖而出。**就像思想应该先于行动一样，反思应该紧跟着行动，不管是在组织层面上，还是在个人层面上。**

学习 = 领导

根据定义，一个组织应该有机地运转，这意味着是目的决定结构，而不是相反；组织应该作为一个大家庭而不是一个等级体系来运行，应该为其成员提供自主权以及考验、机会和奖励，因为组织终究只是手段而不是目的。

由于开发和利用个体潜能是组织的真正任务，所以，所有的组织都必须为其员工的成长和发展做准备，并设法为这样的成长和发展提供机会。这是所有组织的真正使命，也是组织如今面对的首要挑战。

“

WARREN
BENNIS

THE LEADERSHIP CLASSIC

思想是领导者穿越混乱找到愿景的方法。

如今，我们被混乱的世界包围着，

但是真正的领导者知道，

混乱是开始而不是结束，

混乱是活力和势头的源泉。

他们不但能接受变革，

还将在变革中茁壮成长，

同时铸就未来并建立学习型组织。

”

ON
BECOMING
A
LEADER

10
铸就未来

在剧变的时代，学习者掌握未来。博学的人往往会发现，他们熟悉的那个世界已经不存在了。

——埃里克·霍弗
《先锋管理》

The leaders of future will be those who take the next step——to change the culture.

未来的领导者将是那些迈出了下一步的人——改变文化的人。

10
铸就未来

在本书的开篇我讨论了驾驭环境，现在我希望以同样的方式结束本书。我给大家讲了两个故事，两个主角分别是向环境臣服的埃德和征服了环境的李尔。你可能还记得，那个最终拒绝提拔埃德的董事会在新的领导者身上寻求 5 种品质：

- 专业能力（埃德具备）。
- 人际能力。
- 概念能力。
- 决断力和鉴赏力。
- 品格。

这些都是重要的品质，我认为那个董事会正在朝着正确的方向前进。但是，我们生活在错综复杂的时代，因此未来的领导者需要具备更多的品质。正如阿比盖尔·亚当斯在写给儿子的信中所说的：“这是天才渴望经历的艰难时代……巨大的困难催生伟大的品质。”

成为未来的领导者

要驾驭竞争激烈的环境，领导者必须首先理解21世纪的挑战。共同事业组织的创始人约翰·加德纳曾说：

> 领导者是那些理解主流文化的人，尽管这种文化的大部分是潜伏的，只存在于人们的头脑和梦想中，或者是在他们的潜意识当中。

但是，理解仅仅是第一步。**未来的领导者将是那些迈出了下一步的人——改变文化的人。**再次借用库尔特·勒温的话说就是，如果你想真正地理解什么，那就试着去改变它。

此时此刻，我们迫切需要领导者。我们已经失去了竞争优势。除去通货膨胀，过去30年，美国人的收入仅仅增长了10%。我们的创新无与伦比，但在某种程度上，我们失去了制造业的优势，以及成功营销新产品的能力。我们创新的产品，中国也可以生产和返销美国。

还有公共教育、健康医疗和政府管理的各种危机；华尔街和华盛顿似乎有时候超越了法律边界；工业曾经是巨人，现在是服务业，但服务业还没有变得很糟；无家可归者日益增多，但似乎无人知道如何应对；在很多城市，犯罪团伙危及邻里，国际恐怖分子的威胁也成为我们生活的一部分。

如果美国想要重获优势，解决现有的各种问题，领导者们就必须要找到真正的解决之道。唐纳德·阿尔斯塔特（Donald Alstadt），洛德（LORD）公司前首席执行官说：哲学家最有影响力，而非企业家或者达官贵人，历史早晚会证明，思想是根。按照阿尔斯塔特的观点，柏拉图的共和国已经实现，虽然不是以他想象的那种形式。当然，思想是领导者的外套，是领导者穿越混乱找到愿景的方法。

如今，混乱包围着我们，但是领导者知道，混乱是开始而不是结束。混乱是活力和势头的源泉。

在《巨人跳舞》（*When Giants Learn to Dance*）一书中，哈佛商学院罗莎贝斯·莫斯·坎特（Rosabeth Moss Kanter）教授描述了当前混乱的环境所要求的态度：

- 要进行战略思考，投资未来；同时保持良好的业绩。
- 要有创业精神，敢于冒险；但是不要孤注一掷。
- 要继续把你目前正在做的一切做得更好，花更多的时间去与员工沟通、支持团队成员、启动新项目。
- 要了解业务的每一个细节；同时要把更多的职责和任务授权给他人。
- 要充满热情地专注于“愿景”，致力于努力地实现愿景；同时要保持灵活、应变、能够迅速地改变方向。
- 要大声地发表意见，做一个领导者，确定发展方向；同时要热情参与，认真倾听，善于合作。
- 要全身心地投入到创业活动当中，竭尽全力；同时也要保持身体健康。
- 要成功、成功、不断地成功，也要养育杰出的子女。

影响未来的十大因素

领导者怎样才能学会应对混乱呢？怎样才能学会不仅接受变革和模

糊，而且还要在变革和模糊的环境中茁壮成长呢？总结起来，有 10 个因素，它体现了个人和组织的特征，将有助于领导者应对变革、铸就未来、建立学习型组织。

ON BECOMING
A **领导力智慧**
LEADER
WARREN BENNIS

影响未来的十个因素

1. 领导者经营梦想。
2. 领导者拥抱错误。
3. 领导者鼓励反思讨论。
4. 领导者鼓励发表不同意见。
5. 领导者拥有“诺贝尔特质”：乐观、信念和希望。
6. 领导者熟知管理中的皮格马利翁效应。
7. 领导者拥有“格雷茨基特质”，具有某种“预感”能力。
8. 领导者着眼长远。
9. 领导者理解利益相关者之间的平衡。
10. 领导者善于创建战略联盟和伙伴关系。

第一，领导者经营梦想。所有的领导者都有能力创造一个令人信服、可以把人们带入新境界的愿景，并带领人们去实现愿景。在接受我访谈的领导者当中，不是每一个人都具备我将描述的全部十大特征，但他们的确都具备这第一个特征。彼得·德鲁克曾说，领导者的首要任务就是定义使命。马克斯·德普雷在《领导是一门艺术》中写道：“一个领导者的首要职责是定义现实，而最后一个职责是说感谢你们。在这两者之间，领导者是公仆。”

经营梦想可以分为 5 个部分，第一个部分是沟通愿景。荣格曾说：“一个未被理解的梦仅仅是一个发生的事件。一旦被理解之后，它就变成了一段活生生的经历。”作为首席执行官，吉姆·伯克把 40% 的时间用于沟通强生的信条。如今，管理者仍旧要参加强生的挑战大会，在会上他们要一行一行地审阅强生创始人约翰逊将军的信条，看看需要做出哪些改变。这么多年来，有些改变是根本性的。就像美国宪法一样，强生的信条本身也是持久的。

ON BECOMING A LEADER 领导力箴言

领导者经营梦想可以分为5个部分：沟通愿景、谨慎选人、奖励、再培训和组织再造。

经营梦想的其他4个部分是谨慎选人、奖励、再培训和组织再造。所有这5个部分都在北欧航空公司前首席执行官詹·卡尔森（Jan Carlzon）的身上得到了充分的体现。

卡尔森的愿景是让北欧航空公司成为最终活下来的五六家国际运输公司之一（他认为很多国际航空公司会走向破产，结果也的确是这样，尽管他并没有预见到最近几年来往于整个欧洲的小型折扣运输公司的兴起）。为了实现这个愿景，他确定了两个目标：第一个目标是让北欧航空公司在100个不同的方面都比竞争对手好上1%。第二个目标是建立一个利基市场（market niche）。卡尔森选择了商务旅行者，因为他相信这是最有利可图的利基市场——要好过大学生、旅行社或者任何其他的选择。为了吸引商务旅行者，卡尔森必须要让他们与公司每一位员工的每一次互动变得令人愉快。他必须要让每一次互动包含意义和实用性、殷勤和关心。他估计，在公司员工与现有的或潜在的顾客之间，每天会有6 3000次这样的互动。他把这些互动称为“关键时刻”（*Moments of Truth*）[1]。

---

① 卡尔森的畅销书《关键时刻MOT（白金版）》，已由湛庐文化策划，浙江人民出版社出版。——编者注

卡尔森还组织编写了一本神奇的漫画书《小红本》(*The Little Red Book*)，用来向员工们沟通公司的新愿景。他还在哥本哈根创建了一所公司大学来培训员工。此外，他还精简了整个组织的层次。组织的结构图看起来不再像金字塔，而像一系列的圆环，一个星群。

这些圆环中的一个就是哥本哈根至纽约的航线。所有的飞行员、导航员、工程师、机组乘务员、行李员和预订代理商，每一位与这条航线有关的人，共同构成了一个自我管理、独立自主的工作团队。他们有自己的利益分配计划，以便各方都能合理地分享航线带来的利润。他们还有一条哥本哈根至法兰克福的航线。整个公司就是由这些平等的小团队组成的。

通用电气的前首席执行官杰克·韦尔奇曾说："从前，老板能够成为老板，是因为他比为自己工作的人了解更多的事实。明天，人们则要通过一个愿景、一套共享的价值观和一个共同的目标来实现领导。"叶芝曾说："责任在梦想中开始。"愿景是清醒时的梦想。对领导者来说，责任就是要把愿景变为现实。在这个过程中，领导者会改变他们所在的领域，不管那个领域是电影行业、计算机行业、新闻业，还是一个国家。

ON BECOMING A 领导力箴言 LEADER

愿景是清醒时的梦想。对领导者来说，责任就是要把愿景变为现实。

第二，领导者拥抱错误。管理顾问唐纳德·迈克尔精彩地总结了那些像芭芭拉·科迪一样不怕犯错误、犯了错误敢于承认的领导者的经验。就像吉姆·伯克一样，他们营造了一种鼓励冒险的氛围。西德尼·波拉克告诉与自己合作的人，唯一的错误就是什么都不做。壮年时期的卡尔·沃伦达走在高空的钢丝上，丝毫不怕会坠落。正如加利福尼亚大学洛杉矶分校的前篮球教练约翰·伍登（John Wooden）所说：“失败不是罪过，胸无大志才是罪过。”

第三，领导者鼓励反思讨论。诺伯特·维纳（Norbert Wiener）曾经跟我说：“在听到回应之前，我不知道自己说了什么。”领导者们知道，让自己的生活中有个不知疲倦、勇敢无畏讲真话的人，非常重要。在为《领导者》一书做访谈时，我有一个最让人感兴趣的发现就是：几乎所有接受访谈的首席执行官的婚姻伴侣都是原配。我认为原因可能是他们的配偶都是他们能够完全信任的人。来自配偶的碰撞会促进他们的反思，这可以促使领导者去学习、去更多地了解自己。

第四，领导者鼓励发表不同意见。这是促成反思碰撞在组织层次上的引申。领导者需要周围的人持有不同的观点，需要他们唱反调，需要他们充当“分歧传感器”来告诉自己所期望的与实际发生的事之间的差别。

实际上，领导者大致分成两类：

- 一类，雇用与自己观点相似或附和自己的人，他们将反映领导者的观点和想法。
- 另一类，雇用可以与自己互补的人，他们对组织和社会持有与领导者互补的观点。

作为一个梦想家，约翰·斯卡利聘用了一个真正的管理者来担任首席运营官。但是，即使有这些可以与自己互补的人在身边，让他们敢于大声地发表不同意见也不是件容易的事。在连续6次票房失败之后，塞缪尔·高德温（Samuel Goldwyn）把下属们召集到一起说：“即使你们可能失去工作，我也希望你们真实地告诉我，我和米高梅电影制片公司到底出了什么问题。”领导者周围的人都对他们所认为的直言不讳的危险非常警惕。**大多数组织的悲剧之一就是，即使人们知道怎样做是正确的，他们还是任由领导者去犯错误。**

为了消除这种倾向，领导者必须要像赫尔曼·米勒公司的前首席执行官马克斯·德普雷那样，沉醉于他人的疯狂想法；或者就像芭芭拉·科迪那样，通过与员工们打成一片来鼓励不同意见。当她与员工们坐在一间屋子里时，除非事先知道，否则你可能分辨不出她是上司。

韦恩·莫兰（D.Verne Morland）认为，首席执行官们必须亲自挑选某个人来担任意见领袖。在一篇题为《李尔王的弄臣：应对改变，超越未来的冲击》的文章中，他对直接向首席执行官负责的“弄臣”一职作了如下描述：“避开理性的表述，对让人困惑的事实进行影射；预报各方面转变的到来，以促使首席执行官意识到它们的意义；以嘲弄和以双关语挑战所有神圣的、被专家们证明是正确的和永恒的东西。”像李尔王一样，每一位领导者都需要至少一个“弄臣”。

第五，领导者拥有“诺贝尔特质”：乐观、信念和希望。为了写作《领导者》，我采访了很多高管，其中一位高管非常肯定地对我说，如果他去做科学家的话，会赢得诺贝尔奖，因为他觉得自己能够做成任何事。作为总统，罗纳德·里根是这种无限乐观的一个好榜样。里根的民意测验专家理查德·沃思林（Richard Wrrthlin）给我讲了这样一个故事：有一次，他必须要让里根知道，在上次的刺杀事件发生一年之后，里根的支持率已经下降到了创纪录的最低点；而在刺杀发生前后，他的支持率一直处于创纪录的高点。通常，沃思林不会一个人进去见总统。但是这一次，没有人会跟他一起进去。里根看了一眼沃思林，说道："说吧，有什么坏消息。"沃思林对他讲了。那不仅是刺杀事件以来其支持率的最低点，而且也是民意测验史上从来没有过的总统在任期第二年的支持率的最低点。"伙计，看在上帝的份上，别担心，"里根对他说，"大不了，我再出去试着被刺杀一次。"

乐观和希望可以提供选择。希望的对立面是绝望；如果我们绝望了，那是因为我们感到没有选择。卡特总统被自己的"萎靡不振"论调搞得筋疲力尽。他认为他是在描述事实，但我们却觉得他让我们陷入了没有选择的绝望。领导者的世界观总是富有感染力的。卡特让我们沮丧消沉；里根，不管他有别的什么缺点，他毕竟给了我们希望。

在那些具备"诺贝尔特质"的人当中，另一个榜样是已故的喜剧大师乔治·伯恩斯（George Burns）。在他100岁的时候，他说："我不能死，有人预定了我的演出。"

有一句老话说得好："你不能阻止烦人的鸟儿在你头上飞来飞去，但是，你可以不让它们在你头上做窝。"

第六，领导者熟知管理中的"皮格马利翁效应"。在萧伯纳的《皮格马利翁》（*Pygmalion*）中，伊莱扎·杜利特尔（Eliza Doolittle）嫁给了弗雷迪·因斯福特·希尔（Freddy Eynsford-Hill），因为她知道，在亨利·希金斯（Henry Higgins）教授的眼中，她将永远是一个操着伦敦腔的卖花姑娘。她知道，教授根本不可能接受她的改变，永远会认为她还是老样子。正像她对弗雷迪说的："一位淑女与一个卖花姑娘的区别不在于她有怎样的举止，而在于她受到怎样的对待。在希金斯教授眼中，我将永远是一个卖花姑娘，因为他将总是把我看作一个卖花姑娘；但是我知道，和你在一起我能成为一位淑女，因为你总是把我看成淑女。”

ON BECOMING A LEADER WARREN BENNIS

领导力智慧

斯特林·利文斯顿（Sterling Livingston）这样把皮格马利翁效应用于管理

- 管理者对下属的期望和态度，在很大程度上决定了下属的表现和职业发展。
- 优秀管理者的独有特征就是对下属提出可以达到高绩效期望的能力。
- 拙劣的管理者不能提出相似的期望，导致下属的潜力得不到充分的发挥。
- 下属似乎往往能够达到上司对他们的合理期望。

领导者期望周围的人能最大限度地发挥他们的潜力。领导者知道，他们周围的人会改变和成长。如果你对他们有远大的期望，你的同事们就会让你看到期望的实现。美国最优秀的教师之一海梅·埃斯卡兰特（Jaime Escalante）相信，洛杉矶内城 天就只能坐在替补席上。

幸运超级市场的前首席执行官唐·里奇说：“管理者的一个真正职责是为人们确立标准和期望。这是一项重大的职责，如果你确立的期望过低，那么这无论对组织还是个人来说，都是一种浪费；然而，如果你把期望定得太高，以至于某个人无法达到，那么你就害了那个人以及整个组织。所以，这并不意味着我们都不应该有偶尔达不到期望的时候，但如果你让一个人总是失败，那就是恶意的、有破坏性的……我觉得理想的情况是，让那个人自我拓展一点点，但不要让他遭受太多次的失败。”

第七，领导者拥有“格雷茨基特质”，即具有某种“预感”能力。韦恩·格雷茨基（Wayne Gretzky）是他那一代人中最优秀的冰球选手，他曾说，知道冰球现在的位置不如知道它将会出现在哪里更重要。领导者对于组织文化将怎样延伸、组织将发展到何种程度，就具有那样的预感。如果他们一开始没有那种感觉，他们会在到达的时候获得。

伊丽莎白·德鲁（Elizabeth Drew）描述了政治领域中的类似现象，特别提到了1988年的总统竞选：“很多人感到奇怪，为什么杜卡基斯（Dukakis）不改变方向，以一种人人都理解的方式质疑布什的爱国精神，让布什遭到谴责。这可以归因于杜卡斯基的直觉。他已经在政坛里混了很长时间了，但奇怪的是，他显得非常缺乏政治直觉——缺乏本能，缺乏知道当时该做什么的能力，缺乏预感。一个总统必须具备直觉——但是我们还看不清楚，另一个总统候选人是否具备这种直觉。”

领导者对期望的态度是现实的。他们的座右铭是：拓展自我，但别绷得太紧。

第八，领导者着眼长远。他们有耐心。已故的阿曼德·哈默（Armand Hammer）在自己89岁时说，如今他只提前10年制订长期计划，因为他希望能亲眼看到它们实现。在自己40岁时，芭芭拉·科迪知道她还有时间找个新的工作，甚至是开始一个新的职业生涯。日本人的耐性几乎超出了我们的想象，据我所知，有一家日本公司居然有一个250年的发展计划。

即使是短视的华尔街，也偶尔会拥有长远眼光。在20世纪80年代后期，因为预见到了欧盟将在 1992 年变成现实，迪士尼的迈克尔·艾斯纳（Michael Eisner）派罗伯特·菲茨帕特里克（Robert Fitzpatrick）到法国，负责新的欧洲迪士尼项目。艾斯纳的这种预见能力推高了迪士尼的股价。加州联邦银行也曾经为开拓这个可能是地球上最大的单一市场提前做出了准备。在 20 世纪 80 年代，因为预见到了欧洲的统一，加州联邦银行在英格兰开设了一家分行，并且在布鲁塞尔、巴塞罗那、巴黎和维也纳也增开了分行。

第九，领导者理解利益相关者之间的平衡。他们知道，必须要平衡组织内有利害关系的各个群体的竞争性主张。在《先锋管理》一书中，吉姆·奥图尔把平衡利益相关者称为最佳公司遵循的第一原则。他引用已故的阿科石油公司（Arco）的前总裁桑顿·布拉德肖（Thornton Bradshaw）的话说：

> 在我这里，每一个决定都会受到如下若干因素的影响：对公众舆论的可能影响；环保组织的反应；对消费者、税制改革者、反核武器者、沙漠保护主义者以及其他行动群体的可能影响；能源部、环保署、职业安全与卫生管理局、州际商务委员会、联邦贸易委员会等联邦机构以及州和市政当局的限制；对通货膨胀和政府的反通胀计划的影响；工会的态度；欧佩克。噢，我差点忘了，还有预期的经济利润、风险等级、在一个竞争市场中获取资金的问题、我们组织的生产能力；如果有时间，还得考虑竞争。

因为对平衡利益相关者的必要性有着清醒的认识，所以领导者对费里斯综合征非常警惕。曾领导联合航空公司的费里斯有一个万花筒般的愿景——提供全面服务，不仅开通航班，而且拥有在机场迎接乘客的豪华轿车和提供住宿的酒店。为了达到这个目标，他甚至改变了公司的名称。新名称没有任何含义，但它体现了风格。然而，费旦斯的愿景被歪曲了。他忘记了，在这个游戏中还有其他的参与者，例如，飞行员工会和董事会。他可能只看到了组织之外的美妙世界，而没有注意他的身边正在发生什么。飞行员们试图买下航线，董事会大发雷霆，费里斯出局了，公司也重新换回了原来的名字。

世界的现实性、周围环境的复杂性、平衡利益相关者的必要性，这些都不可以被愿景那万花筒般的绚丽光环所掩盖。

第十，领导者善于创建战略联盟和伙伴关系。他们站在全球的高度看待这个世界；他们知道，回避全球化已是不可能的。未来英明的领导者将认识到与其他休戚相关的组织建立联盟的重要性。正因如此，北欧航空公司与其他的航空公司建立了伙伴关系。联邦快递在挪威的最大竞争对手拥有 3 000 多名员工，是挪威最大的公司之一，他们也与联邦快递建立了伙伴关系。第一波士顿与瑞士信贷联手，共同出资创建了瑞士信贷第一波士顿银行。通用电气与英国通用电气合作，建立了很多合资公司。尽管两家公司的名字相同，但一直以来他们相互没什么关系。通用电气曾经考虑收购英国的同名公司，但最终选择了与之联盟。另外，也有越来越多的非营利组织认识到了战略联盟和伙伴关系的重要性。

这就是这些领导者如何成功、如何铸就未来的。那么未来的领导者又该怎么办呢？未来的领导者将具有以下的某些共同点。

ON BECOMING
A **领导力智慧**
LEADER
WARREN BENNIS

未来领导者的共同点

- 通识教育
- 无限的好奇心
- 无尽的热情
- 富有感染力的乐观精神
- 信任他人和团队合作
- 喜欢冒险
- 致力于长期发展而不是短期利润
- 追求卓越
- 适应能力
- 共情能力
- 真实
- 正直
- 有愿景

当他们真实地展现自我，他们将开创新的篇章，开创新的行业，也许还将塑造出一个全新的世界。

如果在你听来这像是一个不可能成为现实的梦，那就请你这样想：**展现自我比掩藏自我更加容易，而且也将获得更大的回报。**

ON
BECOMING
A
LEADER
20周年纪念版结语

伟大的需求呼唤伟大的领导者

6年前，在我修订再版《成为领导者》的时候，世界正在焦急地等待，看美国是否会与伊拉克交战。今天，我们所有人都知道了这个悲剧性的答案。现在，折磨美国的问题是，我们什么时候撤出伊拉克，我们在那里的战斗时间已经超过了第二次世界大战。这场战争让4 000多名美国士兵失去了生命，让他们的数千名亲属悲痛欲绝，让成千上万的伊拉克平民惨死。这场战争也让美国耗费了一万亿美元的巨资。这些钱是向其他国家借的，这是美国历史上第一次在参加战争时没有征收足够的税款来负担支出。

在上一次再版时，美国也正在经历经济上的动荡。2002年，一场导致股票暴跌40%的经济衰退的影响仍未消退。今天，在我写作这些文字时，美国正陷入一场更加严重的衰退，堪比大萧条。与历史上的模式相似，本次经济衰退也是产生于经济泡沫之后。在此前后，人们争相购买房子，房价在飙升到疯狂的高度以后一落千丈，同时波及其他商品的价格。食品和燃料的价格下降了，尽管美国的工作机会成百上千地消失。这些问题不是天灾，而是因为各个层级缺乏领导者，是由政府官员和那些银行和金融服务机构的领导者的失败所引起的。

危机的出现揭示了领导力的状况，也展现了我们时代对领导者的需要。面对当前的金融危机，人们采取了相对快速和协调的努力来应对。在 2008 年秋天，任期将满的小布什总统要求国会通过 7 000 亿美元的救援计划。在行动的初期，出现了一两个错误的举动，包括财政部长亨利·波尔森（Henry Paulson）使用了饱受争议的词语“紧急救助”来描述这个计划。政府干预没能阻止股市在 10 月份的暴跌，纽交所股票连续一周每天暴跌几百点，然后冲击了单日跌幅 936 点的纪录。市场的动荡意味着数百万美国人会在这一财政季度结束期间收到他们养老保险的说明。很多人都害怕打开这个文件——理由很简单，因为信封中的信息是悲惨的。根据国会预算办公室的说法，美国在 2007 年 7 月 31 日到 2008 年 9 月 30 日之间，共计损失了 2 万亿美元的退休金。很多人害怕他们将永远无法退休。《纽约时报》不断以罗兹·查斯特（Roz Chase）的漫画形容全国人民的心情。它在美国财政部提供三大“感恩节食谱”期间刊出了这些漫画：

六个可口的土豆

一个菠萝

你的退休金账户

把所有东西混合在一起

烘烤至这个账户完全融化

过去，经济衰退通常发生在一国之内，这次的经济危机之所以格外可怕，是因为我们现在是一个相互连通的世界，全球经济是联系在一起的。这场危机是由于信用市场的冻结引发的，而这又是由监管不良的金融机构的次级债的价值大跌导致的。这些次级债捆绑、混合在新的有价证券中。尽管这些不稳固的新产品诞生在美国，但是当它们突然开始降价时，巴西、爱尔兰、保加利亚、南非、中国和卡塔尔也受到了牵连。

《纽约时报》刊出了一幅地图，用红色标示出了受到影响的国家，标题是“全世界的震荡”。小小的冰岛受到的打击尤其严重，随着它在经济崩溃的边缘摇摇欲坠，一些人开玩笑地把这整个国家放到eBay上出售。在《纽约时报》的一个专栏中，托马斯·弗里德曼问道：“谁知道冰岛只是一个带有冰川的避险基金？”一个国家的经济事件导致遥远的涟漪的时代过去了。弗里德曼在两本畅销书中很有说服力地阐述：今天的世界是平的，它的机构和利益如此相互联系，以至于在艾奥瓦发生的事情，会像海啸一样影响到上海。随着经济的多米诺骨牌延伸到全世界，一个角落贪婪和错误的做法可以给任何地方带来麻烦。

最近几十年，美国很少需要面对如此严峻的证据——我们的领导力是多么的失败。我们对经济的脆弱性感到震惊，我们的信心也发生了动摇，不知道领导者们是否能够修复这个问题。经济的混乱可以解释为什么2008年的大部分时间，全世界，尤其是美国都弥漫着一种异常悲观的气氛。在2008年标志性的总统选举之前，很多人越来越强烈地感觉到所谓的“美国世纪”很快就行将结束。有思想的人们并没有陷入对美国正在丧失其世界超级大国地位的恐惧中。但是，很多人都感到这个国家最好的时光已经过去了。这些感受是可以理解的。美元对欧元的汇率如此之低，以至于很多美国公民都不再去欧洲旅游。持有美国护照曾经是一种荣耀，现在却不再保证能在任何地方都会受到热情、友好的欢迎。美国人受到欧洲和其他盟友的猛烈批评，其中大部分将矛盾对准了布什的执政。随着美国经济的衰退传导到其他国家，这些批评之声更是不绝于耳。在《纽约时报》的一个社论板块，英国作家安德鲁·奥黑根（Andrew O'Hagan）写道："很多伦敦人对美国的次债危机十分愤慨。"为了表达英国人对美国责任的愤怒，奥黑根引用了斯科特·菲茨杰拉德在《了不起的盖茨比》中对汤姆和黛西的致命的漠视的描述："他们把东西撕毁，然后再回到他们的金钱或满不在乎或任何让他们待在一起的事情中，然后让其他人清理他们制造的混乱。"

美国的衰退在其他方面也是明显的。"不让一个孩子掉队"的政策也没能改善这种情况。我们的中学教育让美国的竞争力更差了，特别是在数学和科学方面。1/3 的美国孩子以及一半的少数族裔孩子不能从高中毕业。看看新奥尔良这个城市，它也受到很大的心理创伤，这里本是最具美国特色的艺术形式——爵士的诞生地，但一切都被卡特琳娜飓风和政府的无能给破坏了。即便这个国家的自我怀疑并不明显，其他国家也开始感觉到新的力量。没有哪个国家像中国这样爆发出如此强大的全球影响力。每隔几周，在上海就会有一栋世界上最高的摩天大楼拔地而起。2008 年中国向美国提交了互联网用户数据：中国网民有 2.53 亿，而美国是 2.2 亿。当然，问题并不是中国现在保持了计算机用户的纪录，而是中国正大规模拥抱一个代表这个时代的技术。在某种意义上，美国优势转变的一个象征是 2008 年盛大的北京奥运会。这是电视史上最受关注的事件，吸引了全世界 47 亿的观众。

每隔十年左右，我发现自己都会写道：我们比以往任何时候都更需要领导者。这在写作本书时似乎尤其明显，特别是看到布什政府执政的最后几个月，这个国家似乎无法摆脱的混乱。其他人也有同样的感受。2007 年的一项关于对领导者的信心的调查显示，77% 的被调查者感到美国陷入了领导危机。更多的人（79%）认为如果找不到更好的领导者，这个国家就会衰落。2008 年大选之前的调查显示的结果更糟糕。（这项调查是哈佛大学肯尼迪政府学院的公共领导中心与美国新闻世界报道栏目举办的。）

这个悲观结论的一个主要原因是布什统治的巨大失败（虽然也没有人喜欢国会）。当我写前一版的导言时，新上任的布什总统刚刚发表了他最有文采的演说——他在“9·11”恐怖袭击之后对国会作的 2001 年的致辞。这个演讲鼓舞了人们对布什在困难时期领导这个国家的期望，这也是他执政时期的巅峰。

不幸的是，在布什的两个任期中，失败一个接着一个出现。以可疑的立场出兵伊拉克，没能为出兵后的事务做好规划，这些都是最差的表现。其他的还包括：对卡特琳娜飓风缺乏有力的回应，损坏了这个国家在世界上的道德形象；对美国公民权利的破坏，以及经济衰……这个清单举不胜举。不幸的是，在大部分地方，因为执政缺乏透明性，我们对这些失败的原因还知之甚少。这种透明度的缺乏本身就是一个严重的问题。不知道事情是如何失败的（在某些情况下，不知道什么事情失败了），未来的执政就无法进行完善。

作为总统，布什是特别危险的领导者的代表——能力有限，顽固不化，大权在握。事实上，布什的领导力最惊人的体现在于，他认为自己有空前的权力，可以对抗政府中的立法机构。以下的例子展现了布什政府的霸权。在执政期间，布什用了所谓的“签署声明”改变了新通过的法律的 1 100 多个条款。在这些签署声明中，布什断言法律中的这些条款应该被忽视，因为它们违反宪法，限制了总统的权力。有多少美国总统会用这种方式消除这个国家的法律？真的很少。根据《纽约时报》的说法，之前所有的总统作出的此类改变合起来只有 600 条。

对布什政府过度扩张的赞誉或指责都指向了布什的副总统，迪克·钱尼。弗朗西斯·培根写道："真理是时间的女儿。"我们需要等待一段时间才会知道切尼在布什执政中扮演的角色，但是看起来，他悄悄地、勤勉地把自己从一个无关紧要的角色变成了一个虚拟的影子总统。根据美国宪法，副总统只有两个职责：管理参议院并在出现平局时进行投票；如果总统意外死亡，丧失能力，被弹劾，或者犯罪时，继任总统。本·富兰克林对副总统这个职务的最温和的描述是"多余的殿下"。但是曾在他的办公室工作的约翰·亚当斯对这位美国副总统身上的悖论有一个更犀利的评价："我什么都不是，但我可以什么都是。"

数据支持了亚当斯的结论。在 20 世纪，有 1/3 的美国总统死亡或者丧失执政能力（或者像尼克松那样，因为遭到弹劾而辞职）。但其中只有伍德罗·威尔逊在患了一种虚弱的疾病（其严重程度没有公之于众）之后，由他的副手继任总统。但是钱尼却在顶层未发生变化的情况下更新了他的职业。就像绿野仙踪，他艰难地走出了公众视野，不知疲倦地影响着那些重大的决策，例如，国家以石油为中心的能源政策，与伊拉克交战，以及一些争议性政策的采用，如采用水刑等强制性审讯。很多评论家相信，钱尼是布什的极端缺乏透明性的执政的铸造者（这并不能削减总统本人对此的责任）。

就像我先前指出的，我们要了解布什政府的真相还需要几年。在新近畏首畏尾的报刊中，围绕这些所做的调查报告太少了。但是，我们已经有一些衡量他执政透明度空前缺乏的方法。看看作家格雷姆·伍德（Graeme Wood's）2007 年发表在《大西洋》杂志上的重要文章。伍德比较了比尔·克林顿和乔治·布什执政期间，在公布政府信息方面的区别。按照伍德的说法，克林顿的基本方式是“如果大家有疑问，就把它公布出来”。他的继任者的方式正好相反：“如果有疑问，就把它分门别类。”由于这种管理哲学的根本差异，2006 年，布什政府对 2 060 万份文件进行了分类，是克林顿执政时期分类文件数量的 6 倍。作为一个拥护坦诚和透明达 50 多年的人，我相信政府的不透明对于组织而言，就像是动脉硬化。不透明会阻碍信息的自由流动，而这是作出明智决策、让组织保持健康的必要条件。没有坦诚和透明，组织会患病和失败。

我们从布什白宫的一名内部工作人员那里得知，布什重视忠诚高于重视坦诚。在领导的研究中很少有绝对的原则，但至少有一条：没有谁能成为真正伟大的领导者，除非他接受甚至拥抱坦诚。坦诚在组织中有极大的价值。它能使领导者避免陷入孤立，被一群只会说“是”的人所包围。它强迫领导者倾听逆耳的忠言，从而保证他掌握作出明智决策所需的所有信息。我们倾向于崇尚那些靠敏锐的直觉果断行动的领导者。有时，直觉的反应是明智、有效的回应，它吸收了很多难以计算、并且彼此不相关的见解和信息。但是直觉的反应通常是基于过少的信息所做的武断选择。我的猜测是，布什广为人知的对自己直觉的自信会给直觉领导带来一个不好的名声，至少在一段时间内是如此。这对我们大家都是有好处的。

说到坦诚，很重要的是记住，它应该是互惠的。它需要上下互动，因为追随者也需要知情。领导者有时候试图限制把重要的信息传递给其他高管。他们把这些信息当作是执行官的恩惠，就像坐公司的直升机一样。但是，只要可能，信息就应该被充分分享，不管是在一个组织中，还是在一个国家中。很明显，一些贸易和国家秘密还是需要保守的。但是最重要的信息并不是敏感的，分享这些信息可以让追随者作出明智的决策，并根据这些决策采取行动。那些获得信息的人会离组织的核心更近一步，由此士气得到提升，绩效得以改善。相反，缺乏坦诚会降低士气。最糟糕的情况是，人们得到的都是错误的信息。在我的经验中，当追随者发现他被骗了时，他永远不可能成为忠心不二的追随者。敌人反而由此产生。

一个重要的生动案例是斯科特·麦克莱伦（Scott McClellan），乔治·布什的新闻发言人。他是总统的一位忠诚甚至热心的支持者。后来，他发现他的上司在白宫卷入中央情报局特工瓦拉里·普莱姆身份泄漏案一事上撒谎了。更严重的是，布什总统后来才承认，他的确给一些选定的分类信息的泄漏开了绿灯，而之前麦克莱伦还保证总统没有这样做。当他在2008年发表他饱受争议的著作《发生了什么：布什白宫和华盛顿的欺骗文化》（*What Happened: Inside the Bush White House and Washington's Culture of Deception*）时，前共和党同事觉得麦克莱伦似乎丧失了理智。但是这位前新闻联络官的表现，与一个感到被曾经信任和崇拜的人所背叛的人的表现并无二致。麦克莱伦在最后一刻终于成为坦诚的领导者，他对自己的新信仰充满积极的承诺。他不仅仅是口头上尊崇坦诚和透明。他在书中提出，白宫需要一个新的岗位，一位负责坦诚的副参谋长，他的工作应该是“确保总统是开明的、直率的，努力超越党派之争，达成团结一致”。在麦克莱伦的计划中，新的副参谋长将有三个助手，其中一位助手唯一的任务就是促进和保护透明。他的职责将包括确保信息按照符合国家利益的原则进行分类，而不是简单的“保护行政人员，避免令人尴尬或者带来麻烦的政治事件”。

最终会有数不清的文章撰写布什总统为什么以及是如何失败的。但是，即便现在，这样做也很重要：仔细检查前任总统，从他的反面案例中学习——汲取恰当领导的关键教训，而不是对他进行妖魔化。我认为，布什最大的一个失误，就是他义无反顾地投入某一种意识形态，而不是从有原则的实用主义出发。例如，在涉外事务方面，布什狂热地相信民主是所有人期待、渴望的，并将最终获得胜利。这种意识形态被证明尤其不适合于中东的实际情况。伊拉克的选举导致什叶派政府与曾经强大的逊尼派以及逊尼派在中东的盟友们争执不休。加沙的自由选举让哈马斯（一个反西方恐怖主义组织，以覆灭以色列——美国在中东最坚实的盟友为目标）变得强大。并且，由于行政官员在意识上对政府的蔑视，在布什当政时期，最具破坏力的因素之一就是缺乏有效监督的私有化的侵蚀。它导致了伊拉克战争的大范围外包，对财政部门和其他行业的监督不充分，联邦医疗保险以及其他政府项目的秘密半私有化。政府官员明显的党派斗争，给司法部和其他传统的无政治意义的政府部门造成了损害，这些部门曾有过努力实行精英管理的辉煌历史。甚至，布什的行为看上去不像是国家总统，更像是共和党的保护伞，他让本就分化严重的国家两极分化更加严重。这个教训超越了任何一个政党——共和党或民主党。一切都上升到意识形态的方法解决不了复杂的问题。伟大的领导者不会试图给问题强加意识形态模板——不管是右倾还是“左”倾的意识形态。一流的领导者知道，每个问题都有它棘手的一面，他们会以包容、合作的方式来找到适合实际情况的解决方案。

简而言之，在我上一版的《成为领导者》序言和这一版的结语中，我需要每位读者掌握的背景已经发生了很大的变化。乐观主义经历了持久的战争、经济的阵痛和国家两极分化的考验。在这个新的背景下，2008 年的美国总统选举变得扣人心弦就不足为奇了。对这一竞选着迷的不一定是学习领导力的学生。它和美国历史上任何竞选一样重要。而它令人上瘾。随着似乎无穷无尽的竞选活动的进行，11 月 4 日的大选越来越临近。媒体在网上大量发布竞选文章，人们花大量时间阅读政治博客，以至于他们的工作受到影响，人际关系也受到破坏。然后候选人开始粉墨登场，出现在人们大量关注的政治相关网络和电视上。

在很多方面，竞选活动都可以看作是过去十年最重要的关于文化变革的缩影。一个重大的进步是，在科技的推动下，新兴媒体的出现改变了美国社会，包括竞选的流程。最流行的在线报纸，例如《赫芬顿邮报》，其影响力已经堪比《纽约时报》《华尔街日报》等报纸。在获取信息上，有线电视险胜网络电视，也许是因为很多有线电视知名人士政治表演性更强。竞选活动的速度（和其他所有活动的速度一样）也加快了，候选人的演讲评论和电视广告中出现抵制的滞后时间大约是几个小时。由于有了谷歌，候选人在过去进行的大多数演讲可以随时被人们找到。从某种意义上说，博客圈是没有“过去”的概念的。任何发生在摄像机前（几乎所有的手机都有摄像头）的事都能永久储存和取回，并在瞬间得以散播。这样一来，候选人在竞选活动中的演讲就在博客圈中同步进行了。在这场互联网上的竞选活动中，真相和谎言以不可预测的方式混合在一起；斯蒂芬·科尔伯特（Stephen Colbert）的《真相》（*Truthiness*）是这一新现实的完美反映。和公开的竞选活动相比，候选人不需要控制这一影子竞选活动，尽管他们可以影响它。不管它是基于事实或者沉浸在偏见中，或者更糟，这个影子竞选活动塑造了人们的态度，对选举结果有着真实的、不可预测的影响。

由于总统竞选这个问题严肃而复杂，牵扯到整个国家，那些跟踪 2008 年总统大选进程的选民，都有一种提心吊胆的心情，普遍感到这场赌注实在是太大了。没有现任总统或副总统的参选，所有的可能都存在。这场选举不同寻常地开始于 2007 年的早期，并且因为出现了几位开创历史的民主党提名候选人而与众不同。纽约参议员和前第一夫人希拉里·罗德姆·克林顿是第一位获得民主党总统提名的女性。她很快就证明自己是一个强大的竞争者。她和强大的竞争者——来自伊利诺伊州的参议员巴拉克·奥巴马，展开了竞争。第一份总统资讯来自奥普拉·温弗瑞，她展示了奥巴马在 2004 年的民主党政党大会上进行的打造声望的演讲，他有预见地反对伊拉克战争，这让他与其他民主党的政治人物区别开来。

奥巴马是一名候选人，也是一种现象。他的支持者能够填满扬基体育馆，他们中的很多人都是第一次参加投票。在圣路易斯，10 万人聚在一起听他演讲。当奥巴马走出国门会见世界领导人时，总统们和酋长们和他握手时会像孩子一样露出真心的笑容。奥巴马永远是准备好的样子，从容不迫，他得到特德（Ted）、卡罗琳·肯尼迪和后来的前国务卿科林·鲍威尔的认可。在以阿尔·史密斯（第一位天主教总统候选人）命名的年度福利晚宴上，奥巴马开玩笑地说："与你听到的谣言相反，我没有出生在马槽里。"在很多方面，奥巴马体现了美国超越种族的诺言。在这里人们评判候选人"不是因为他们的肤色，而是因为他们自身的特质"。但是在这场福利晚宴上，奥巴马略微提到他是斯瓦希里人（Swahili）和他的阿拉伯名字，这是以往竞选总统的人从未做过的事。"我的中间名是侯赛因，"他解释道，"是一个很显然认为我永远不可能成为总统的人起的。"

在一系列激烈的辩论后，希拉里在 2008 年的总统预选中赢得了史无前例的 1 800 万选票，但是最后却在提名权上输给了奥巴马。虽然希拉里在大量的民主党辩论中脱颖而出，尤其是在她精通的话题上，但是奥巴马选择了特拉华州参议员约瑟夫·拜登（Joseph Biden）作他的选举搭档，他也获得了总统提名。

民主党总统提名的竞争有时是很有争议的，它似乎是鼓励结盟的。与之相反，共和党竞选则像广告片一样无聊。共和党的候选人都是慎重考虑的白人男性，包括“9·11”时的纽约市市长鲁道夫·朱利亚尼和前马萨诸塞州州长米特·罗姆尼（Mitt Romney）。并且他们的基本策略是与布什总统拉开距离，甚至根本不提布什总统的名字，只提醒选举人，他们和现任总统是同一政党的。尽管早早就被认为会在竞选中出局，但是越战英雄、亚利桑那州参议员约翰·麦凯恩（John McCain）最终成为了共和党的总统候选人。麦凯恩自称是一个持不同意见的人，他克服了巨大的障碍，例如，在顽固的保守派中不受欢迎，以及他的年龄。如果被选中，他将以 72 岁高龄成为有史以来最年老的总统。

但是，在 2008 年 8 月的最后几天，当麦凯恩宣布他的副总统不是无党派的乔·利伯曼（Joe Lieberman），或者相对温和的其他人时，共和党竞选活动突然变得引人注目，麦凯恩被认为是处于有利位置的。麦凯恩选择了 40 岁的萨拉·佩林（Sarah Palin），年轻的阿拉斯加州州长，除了在政党圈子外，几乎没有知名度。一位小城市前市长，年轻的“女王”，自称是 5 个孩子的“冰球妈妈”，其中包括一位患有唐氏综合征的婴儿。佩林以一个充满魅力的演讲把自己介绍给了全国人民，吸引了大量观看奥巴马例行演讲的电视观众。在这个演讲中，佩林——共和党的第一位女性候选人，也创造了她自己的历史，她试图吸引希拉里·克林顿的很多女性支持者，她承诺会着手解决希拉里遇到的瓶颈。作为反对堕胎者（甚至是在强奸和乱伦中怀孕），佩林认为神创论应该和进化论一起在学校进行教授，佩林强烈呼吁帮助选举布什总统、对麦凯恩没有兴趣的福音派教徒能够作出改变。

最初，媒体猛烈抨击佩林，就像他们曾经抨击奥巴马一样。这两个人都像名人和摇滚明星一样——这是共和党人以前用来贬低奥巴马的话。佩林被证明是有天赋的竞选者，犀利中肯，带着平民论调（她经常提到“坐着喝酒的人”，显然是想利用布什已经赢得的信任，在某种程度上，相比于阿尔·戈尔或者约翰·克里，选民更愿意和他喝酒）。佩林平易近人、非常爱笑、爱眨眼，她很好地成为她的党派的代表。她经常毫不迟疑地煽动保守的人群，指责奥巴马“与恐怖分子结交”。尽管她最初有一些吸引力，但是她的下降趋势很严重。由于她欠缺经验，麦凯恩提出的奥巴马缺少成为总统的经验的论点受到削弱。在我看来，这在整个竞选过程中就是一个失败的论点。历史不断地证明，在判断领导者的品质时，经验不能代替好的判断力。

这4位竞选者的生活可以作为传记电影的题材。就像我们的文化中经常发生的那样，即便是牙膏品牌也常常以它们的“故事”来进行市场推广，竞赛变成讲故事大赛。麦凯恩，他的竞选口号是“国家第一”，体现了作为前海军飞行员的勇气、爱国和牺牲。他曾经参加越战，并作为战犯在臭名昭彰的河内希尔顿（Hanoi Hilton）饱受折磨。从那时起，他赢得了独立人士的声望，在移民和减少富人的税收上发表了不同于他的党派的意见（不久他撤销了这一观点）。出生于1961年的奥巴马，有一个异国情调的、属于当代的故事，强调他与世界的联系。他的父亲是肯尼亚人，母亲是一位来自堪萨斯州的白人，她艰难地在夏威夷和印度尼西亚抚养奥巴马长大。在孩童时期，父亲抛弃了他们，奥巴马主要靠救济长大。后来，奥巴马成为《哈佛法律评论》的主编。从哈佛大学毕业后，奥巴马没有选择加入一家 4 星级的法律事务所，而是以一名芝加哥的社区组织者的身份开始了公共管理的生涯。奥巴马承认他和当代美国人看起来不一样，他本身践行着变革的诺言。

与麦凯恩和奥巴马一样，拜登经历了生活的变迁，严酷的考验塑造了他的性格和领导风格。1972 年，拜登 29 岁，当选联邦参议员，成为历史上第二年轻的参议员。他在华盛顿正准备搬入新办公室时，一通电话告诉他，他的妻子和女儿在特拉华州的一场车祸中丧生。他的两个年轻的儿子也因为伤势严重，生机渺茫。两个儿子最终康复了；拜登在他们的床边宣誓就职。拜登成为了受欢迎的参议员和单身爸爸，后来拜登再次结婚，现在是一个女儿的爸爸，同时是一位祖父。作为一名反对任命保守派法官罗伯特·博克（Robert Bork）就任最高法院法官的外交政策专家，拜登的言语失态，他每天晚上乘火车回到特拉华州与家人团聚的事也广为人知。

也许因为佩林的故事一开始是人们最不熟悉的，所以她的叙事获得了最多的媒体传播。她的照片不断出现在报刊杂志的封面上，旁边的背景介绍让她听起来像是安妮·奥克利（Annie Oakley）和神奇女侠（Wonder Woman）的组合，既能够射杀麋鹿，又能换尿布，完成国家事务。共和党选择她是为了平息过去的历史并吸引女性选民（批评者称她为“芭比娃娃”）。共和党把她塑造成了一个和麦凯恩一样具有独立意见的人士，无所畏惧地在阿拉斯加发展起她自己的政党。在《新闻周刊》中，杰弗里·巴斯洛特（Joffrey Barthelot）和卡伦·布雷斯劳（Karen Breslau）描述了佩林如何符合由来已久的美国故事。他们写道：“佩林的个人故事是伟大的美国神话之一——吃苦耐劳的拓荒女性，虔诚而坚决克服不平等最终成功的故事。她的故事可以拍成一部卡普拉电影，或者一部针对女性的电影。但是在最具政治性的传记（或者好莱坞电影）中，她坚强、犀利的一面被抹去。对她的批评者来说，她是肤浅、投机的，甚至是堕落的。”最后还暗示阿拉斯加立法机关应针对佩林是否不恰当地解雇一位联邦官员进行两党调查。在 10 月，调查机构宣布，州长佩林违反州道德法律和滥用职权，但是她有权任命一位新官员。

选举强调的一个事实是，我们的选举是一种文化，其中娱乐和新闻已经变形为第三种类别，把二者结合起来，通常被称为“信息娱乐节目”。在投票时，年轻的投票者总是说他们的消息来自《乔恩·斯图尔特的每日秀》（*The Daily Show with Jon Stewart*）或者《科尔伯特报告》（*The Colbert Report*）。对于那些依靠主流媒体的人来说，这些基本是喜剧表演，而不是新闻来源。约翰·麦凯恩在《大卫深夜脱口秀》（*David Letterman*）中，宣布了他竞选总统的意图，后来又在节目中就他突然取消上台，请求莱特曼（Letterman）的原谅。有线电视定期报道了《视野》（*The View*）节目所支持的女性候选人。但是，当作家和表演者蒂娜·费（Tina Fey）开始在《周六夜现场》（*Saturday Night Live*）节目中扮演萨拉·佩林时，竞选活动变成了彻头彻尾的超现实主义。玩弄着候选人签名的眼镜，引用着她说的话，费精彩地模仿了佩林的法戈口音、乡下人的特殊习惯以及弯弯曲曲的语法。佩林不久后亲自出现在节目中，允许费在工作室表演并在台上代替她。

和佩林（在电视上训练有素）一样，奥巴马天生具有非凡的魅力（个人的魔力，吸引和影响观众的能力）。这也是明星的一种能力，让一些演员可以掌控舞台或银幕。政治也是一种表演艺术，奥森·威尔斯第一次见到富兰克林·德拉诺·罗斯福总统时就清楚了这一点。罗斯福和蔼地对这位已经很传奇的演员兼导演说：“你知道的，威尔斯先生，你是美国最伟大的演员。”威尔斯回答道：“哦，总统先生，您才是。”只有在很少的时刻，当候选人与那些他们希望领导的人处在同一个空间时，他们必须有足够强大的修辞和表演能力，来超越电视和其他媒体对他们的歪曲。他们必须是足够优秀的表演者，说服观众他们拥有共同的梦想和利益。这样的领导者有能力把一群人变成一个共同体或者一群暴民。魅力是可贵的天赋，罗斯福拥有，肯尼迪拥有，里根拥有，克林顿拥有。悲哀的是，希特勒也拥有。不管我们是否喜欢，它都是政治的一部分。

尤其是自从有了电视机，外表吸引力成了魅力的一部分，虽然是有争议的部分。它出现得如此频繁以至于了无新意：事实上，几乎所有通过收音机听到1960年尼克松和肯尼迪辩论的人都认为尼克松会赢。只有那些近距离观看辩论的人才知道胜利属于肯尼迪。因为一边是皱着眉头的尼克松，留着八字胡，不时擦擦头上的汗水；另一边是年轻的、像运动员一样的肯尼迪，健康的肤色，灿烂的微笑。美丽比匀称更重要，它能通过行为和我们对个人的认识得到增强。但是它是我们选择的领导者的一项例行特质。有些领导者是如此强势，他们可以不受他们的外表所影响。林肯幽默地自嘲自己的奇特外形，他曾经对称他为“两面派”的对手说：“你认为我还有另外一张面孔吗，我出现在公众面前的是这张面孔吗？”但是外表对选民很重要。一位苛刻而敏锐的观察者有一次指出，尼克松的脸看起来像足球。这对他的灾难性的辩论有影响吗？很可能有。当然，萨拉·佩林的美丽外表是她的部分优势，作为印第安纳州的共和党代表，她的T恤上写着：辣妹的雄心。公平的是，奥巴马运动员式的魅力和微笑比他的哈佛法律学位或者他的税收政策吸引到了更多的选票。

我们的文化是一种名人文化，这已不是秘密。这通常意味着在我们的公共话语中重要的问题被怠慢了。在佩林初次登台后的几个星期，在其支持团队的控制下，美国人听说了她 17 岁的女儿意外怀孕和佩林在州长官邸安装了日光浴床的事情（这对整个“日光行业”都带来了打击）。在这场比赛的《人物》杂志采访阶段，有材料显示，因为佩林在念稿子时表现良好，麦凯恩的竞选团队一直让她远离传统媒体。有线电视新闻版块间隙充满了无关紧要的问题，例如，比起总统候选人来，麦凯恩是否更像佩林的配角。

当投资银行巨人雷曼兄弟 9 月 15 日宣布它将寻求破产保护时，所有的一切都变了：道琼斯指数暴跌，人们开始把他们的现金从银行里取出来。竞选突然以激光般的强度聚焦于遭受重创的经济，以及它给选民带来的伤痛。被候选人和他们的操纵者精心构造的能引起共鸣的个人故事被放到一边。在真正有分量的事件上，公众能够比较出候选人的不同立场。这一次，嘉年华般的总统和副总统的选举过程，被重新与这个过程的下一阶段，也是至关重要的事情联系了起来：我们选举的总统将如何领导，以及将如何塑造我们和我们的子孙后代的生活。但是，在辩论最终聚焦到经济上时，注意力政治再次出现。在 3 轮总统辩论的最后，麦凯恩反复提到俄亥俄州托莱多（Toledo）的一位叫乔的管道工选民。在辩论结束之前，管道工乔在博客圈时而被赞扬，时而被诋毁，第二天他就成了一个家喻户晓的人。

在最后几周，总统大选真的变得很丑陋。佩林在她的集会上继续指责奥巴马与恐怖组织的关联，并将矛头对准已恢复名誉的气象播报员比尔·艾尔斯（Bill Ayers）。一些愤怒的人群传出了针对奥巴马的“杀了他”的口号。当民权运动领袖约翰·刘易斯（John Lewis）指责麦凯恩允许危险的暴力暗流在他的竞选活动中发展时，麦凯恩怒不可遏。麦凯恩的竞选仍然充满了对奥巴马的暗讽、诽谤和歪曲。来自共和党的自动拨号电话警告那些拿起电话的人，远离奥巴马，因为他与恐怖组织有牵连，参与了选民欺诈，并有重新分配国家财富的邪恶计划。种族问题在竞选中很少被提到（直到科林·鲍威尔的支持被一些人以种族团结的名义予以反驳），它总是差点被提到表面。民主党人担心活跃的在线竞选活动可能带来的潜在影响，其中在线竞选活动错误却生动地把奥巴马呈现为了一个与基地组织有关的人。

到十月中旬，爱尔兰书商已经开始向与他们打赌，认为奥巴马将赢得选举的人付钱了。但是奥巴马的支持者担心，显示他领先于麦凯恩的民调会受到布拉德利效应的影响。这种现象是以汤姆·布拉德利（Tom Bradley）的名字命名的。他是洛杉矶的第一位黑人市长。在 20 世纪 80 年代，他与乔治·德克梅吉恩（George Deukmejian）一起竞选加利福尼亚的州长。当时民调显示，布拉德利已经遥遥领先了，但最后他仍然败选了。政治科学家猜测，是因为选民害怕，如果告诉民意调查者自己不打算投票给布拉德利，会被认为是种族主义者。

种族不是 2008 年竞选中的唯一的情绪化问题，年龄也是一个问题。奥巴马充分利用互联网来筹集资金，组织他的支持者，并获得投票，这完全是年轻人、熟悉科技的选民所喜爱的方式。在竞选活动的最后几周，奥巴马甚至在流行的视频游戏里做起了广告。虽然麦凯恩认为年龄是他经验丰富的证据，但是许多潜在的选民，包括老年人，都认为他担任总统太老了。他们对他的年龄的担心，被他的恶性黑色素瘤病史，以及他选择如此青春和有争议的竞选伙伴而加剧。麦凯恩的支持者指责奥巴马的竞选团队利用了这些担忧，称麦凯恩经常改变他的立场和策略，显得“飘忽不定”。

我们现在知道了美国人希望谁做他们的总统。但回顾一下在总统选举之前，美国人声称他们正在寻找的总统的品质是非常有趣的。我前面提到的关于对领导者的信心的民调中问到了这个问题。一半以上的受访者认为，有5种品质或特征极其重要。66%的受访者提到最重要的品质是诚实和正直；第二是智力；第三是沟通能力；第四是让两个政党的人员共事的意愿；第五是将美国人民团结在一起的能力。最不重要的品质是服过兵役，只有13%的人认为非常重要。倒数第二位的品质是讨人喜欢（21%）。在华盛顿的工作经验只有23%的人认为非常重要。另外有两个回答值得注意。38%的受访者认为对上帝坚定的信仰非常重要，几乎相同数量的人（37%）认为有新想法极其重要。

这五大特质在政治或意识形态方面被视为最重要的特质。但研究显示共和党和民主党对其他特质的重要性的看法有所不同。相对于民主党，共和党认为果断、对上帝坚定的信仰和军事服务更重要（依次）。相对于共和党，民主党认为在外交政策方面的经验、新思路、理解和同情他人、在华盛顿的经验、讨人喜欢更重要。两党之间的最大差别在于，认为以下特质非常重要的民主党人比共和党人多出14%以上：新思想，理解和同情他人，讨人喜欢。

该研究发表于2007年11月，当时还看不出哪位候选人会胜出。首选是希拉里·克林顿——33%的受访者表示，他们有很大信心，她会是一位好总统。巴拉克·奥巴马是第二，有22%的人表示对其领导能力有充分的信心。接下来是鲁迪·朱利安尼，有18%的受访者选择了他。紧随其后的约翰·爱德华兹为13%。12%的受访者说他们认为约翰·麦凯恩将会是一位好总统。同样值得注意的是，26%的受访者表示对希拉里将成为一位好总统根本没有信心。这是研究中“没有信心”比例最高的。19% 的人对巴拉克·奥巴马没有信心，20% 的人对约翰·麦凯恩没有信心。

当退役将军鲍威尔在 10 月 19 日媒体见面会上支持巴拉克·奥巴马时，鲍威尔将奥巴马描述为一个“转型人物”，并认为他是此刻美国所需要的总统人选。在鲍威尔看来，这个长期而有争议的竞选是对麦凯恩和奥巴马的“最后考验”。他支持奥巴马是因为“他既有风格又有实质内容”。布什前国务卿表示，他认为新总统应该向美国人民和全世界描述他的政策将和过去的 8 年有何不同。鲍威尔说，新总统将面临的最紧迫的挑战之一是“修复我们在世界其他国家那里失去的声誉”。

在选举前夕，历史学家多丽丝·卡恩斯·古德温（Doris Kearns Goodwin）指出，我们最优秀的总统都有平和的性情。不管林肯和罗斯福面对什么样的危机，他们都以冷静和审慎的方式处理。伟大的领导者往往能够克服个人的失望、伤害，甚至悲剧。林肯的政治天赋之一在于他有能力把前政治对手的智囊团招致在自己的麾下。“你不能让仇恨毒害你。”古德温说。

显然，新总统不但要修复破碎的经济，还要修复国家的信心。他必须恢复这个国家的乐观主义精神。事实上，他的当选是这一巨大进程的第一步。正如科林·鲍威尔预测的那样，奥巴马的当选不仅是非洲裔美国人的骄傲，也是所有美国人的骄傲。我猜测，奥巴马将在他的任职期间时刻谨记林肯、罗斯福和约翰·肯尼迪，我们知道他在竞选期间读了多丽丝·卡恩斯·古德温的《对手团队：亚伯拉罕·林肯的政治天赋》（*Team of Rivals: The Political Genius of Abraham Lincoln*）。要鼓舞美国的公民，有一个经过时间考验的模式。我们最伟大的领导者一直提醒我们，我们在一起，我们将不得不作出艰难的选择，甚至牺牲。

在未来几个月，新一届政府将不得不开始探索和消除布什时代最糟糕的阴谋。这一切必须通过扭转前一届政府反射性甚至强制性的不透明，恢复更透明的政府来实现。

奥巴马还必须与世界其他国家建立关系。美国也需要让它们放心。他将不得不克服布什政策造成的美国的孤立。许多其他国家似乎很渴望与新总统合作。与我们历史上的任何总统相比，奥巴马总统看起来更像世界其他地区的人。这是一个不可估量的资产。奥巴马不只是美国选民的选择，他也是紧随美国总统选举之后，在海外举行的像世界杯足球决赛一样别开生面的选举中，被世界选中的候选人。正如 2008 年，国际合作帮助拯救了各地的银行和金融机构那样，我们将需要通过持续的国际合作，来解决全球共同面临的巨大问题，例如全球变暖，核安全，全世界潜在的爆炸性的经济分化。

还有一个希望在于，奥巴马能够前所未有地激励年轻选民。他的吸引力比约翰·肯尼迪更加明显。数以百万计的老选民对待政府的态度已经变得玩世不恭，认为选举过程也只是表面上公平。这些选民，不管老少，他们的热情再次被点燃，他们因为看到公共服务，包括政府的新的可能性而兴奋，他们构成了公共服务的一个宝贵的人才库。作为一个国家，当我们不再相信好政府的可能性时，我们付出了可怕的代价。在我们的蔑视中，我们把国家留给了空想家和黑客。那些曾为奥巴马的入选工作过的人知道，努力奋斗并实现重大改变所带来的乐趣。现在，尽管依然存在裂痕，但已经是时候创建 21 世纪版本的“和平团”和激发美国能量及理想主义的组织了。

2008 年，所有的目光都聚焦在竞选总统的男人和女人身上。但是只关注领导者是错误的。即使我们成为美国总统，我们也要把大部分的时间花在追随者身上，而不是领导者身上。过去我们往往倾向于从等级的角度思考两者之间的区别，但事实上，随着我们的工作场所和组织变得扁平化和社团化，“等级”这种词变得越来越没有意义。对谷歌的工程师来说，领导是一个临时的任务，他们服务一段时间，然后把权力交给小型工作组的另一个成员。在相对传统的组织中，领导者和追随者之间也存在着一种互惠关系。

领导者和追随者是一场舞蹈中的搭档。作为追随者，对当权者说真话是我们最重要的义务。几百个揭发者的失业经历证明，坦诚比沉默更加危险。对当权者说出真相需要勇气；当风险很高时，它需要真正的英雄主义。但是，如果追随者能大胆地指出人们忌讳的问题，或老板的最佳方案中存在的缺陷，他的行为本身就堪称“领导者”——承担责任和为组织谋求最佳利益的人。同时，不只是揭发者或反对者的声音需要被听到、被了解，我们的声音也需要被听到、被了解。我想起了罗斯福的一个故事：1945 年 4 月，拥挤、悲痛的群众蜂拥至宪法大街，等待他的送葬队经过。随着他的灵车的临近，人群中一个穿着讲究的中年男子跪倒在地，绝望地哭泣，最后恢复镇静。一个陌生人在他身边问：“你认识总统吗？”那人几乎不能回答：“不……但他了解我。”

作为一个对大萧条有记忆的人，我可以向你保证，2008 年的金融危机在规模上还不算严重。当然，这仍然是一场真正的危机，是对领导者的严峻考验。**成为领导者的道路，不是一帆风顺的。**在实现巨大的成功之前，往往会经历崎岖坎坷，荆棘密布，甚至错误的转弯和无路可走的境地。**通常，一些变革性事件或经历对于找到一个人的声音 学习如何通过与他人分享意义来感召他人，以及获得领导者的技能具有关键性的意义。**罗斯福一生与小儿麻痹症的斗争就是对他作为领导者的严峻考验。仅仅承受困难的时期是不够的，我们必须抓住它给予的每一次机会来实行变革。最近几周，因为股票市场的震荡，我经常想起阿比盖尔·亚当斯在 1780 年的动荡日子里，写给约翰·昆西·亚当斯的信："这正是一个天才希望生活的艰难时期……伟大的需求呼唤伟大的领导者们。'

我认为，亚当斯在这里选择使用复数"领导者们"是很重要的，特别是现在美国有一位令人兴奋的新总统。但人们很容易忘记，我们需要的不仅仅是一位天才的领袖。在美国刚刚成立，我们的人口不到 400 万的时候，我们有 6 位卓越的领导人：华盛顿、杰斐逊、汉密尔顿、麦迪逊、富兰克林和亚当斯。现在，我们的人口数量超过 3.04 亿，我们肯定能产生至少 600 名世界级的领导者。

你会是其中之一吗?

ON
BECOMING
A
LEADER

致谢

尽管本书只有我的署名，但就像其他所有书籍一样，本书是与很多人合作的结晶。很早以前我就发现，最有效的学习方式就是与他人交谈。正是在与才华横溢的同事们进行有趣、愉快和令人兴奋的讨论时，我的思想才得以形成、提炼和检验。在本书的前一版当中，我努力向所有对本书出版作出贡献的人们表示了谢意。今天，我仍然满怀感激之情向当初的那些合作者，以及其他慷慨奉献了自己的建议、专长和时间的同事与朋友表示由衷的感谢。

对于这本 21 世纪的新版本，应该特别感谢一些作出了特殊贡献的人。第一位就是我在南加州大学的助手玛丽·克里斯琴（Marie Christian）。不辞辛劳、聪明异常的玛丽让我的职业生活井井有条。她的辛勤付出解放了我，让我有更多的时间来思考和写作，她所做的一切令我每天都心存感激。第二位是珀修斯图书集团（Perseus Books）的编辑尼克·菲利普森（Nick Philipson）。在 2003 年版的《成为领导者》的写作过程中，尼克的工作已经远远超出了一个编辑的分内工作。他以喜爱而又带有批评的眼光重新审阅了本书，确认了其中仍旧契合如今现实的内容，更重要的是，他找出了那些过时的、不能再引起共鸣的段落。他给了我一张修订本书的框架图，让这项任务变得不再令人望而生畏。在整个过程当中，他始终是一个最好的朋友和同事，慷慨地提供着见解和赞扬，委婉地提醒我出现的错误，同时也呵护着我的意见和观点。总之，与他合作是一件乐事。对于本版，埃里克·保罗·比德曼（Eric Poul Biederman）贡献了极有价值的洞见和批判性建议。最后，我必须要感谢我的老朋友与合作者帕特里夏·沃德·比德曼（Patticia Ward Biederman）。她和我有着那种人们梦寐以求的合作关系。几十年来，她一直激发着我的思想，帮助它们翱翔。每当我们一起工作时，我都会回忆起那些充满了思考、激情和欢笑的完美合作。

未来，属于终身学习者

我这辈子遇到的聪明人（来自各行各业的聪明人）没有不每天阅读的——没有，一个都没有。巴菲特读书之多，我读书之多，可能会让你感到吃惊。孩子们都笑话我。他们觉得我是一本长了两条腿的书。

——查理·芒格

互联网改变了信息连接的方式；指数型技术在迅速颠覆着现有的商业世界；人工智能已经开始抢占人类的工作岗位……

未来，到底需要什么样的人才？

改变命运唯一的策略是你要变成终身学习者。未来世界将不再需要单一的技能型人才，而是需要具备完善的知识结构、极强逻辑思考力和高感知力的复合型人才。优秀的人往往通过阅读建立足够强大的抽象思维能力，获得异于众人的思考和整合能力。未来，将属于终身学习者！而阅读必定和终身学习形影不离。

很多人读书，追求的是干货，寻求的是立刻行之有效的解决方案。其实这是一种留在舒适区的阅读方法。在这个充满不确定性的年代，答案不会简单地出现在书里，因为生活根本就没有标准确切的答案，你也不能期望过去的经验能解决未来的问题。

而真正的阅读，应该在书中与智者同行思考，借他们的视角看到世界的多元性，提出比答案更重要的好问题，在不确定的时代中领先起跑。

湛庐阅读 App：与最聪明的人共同进化

有人常常把成本支出的焦点放在书价上，把读完一本书当作阅读的终结。其实不然。

时间是读者付出的最大阅读成本

怎么读是读者面临的最大阅读障碍

“读书破万卷”不仅仅在“万”，更重要的是在“破”！

现在，我们构建了全新的“湛庐阅读”App。它将成为你“破万卷”的新居所。在这里：

- 不用考虑读什么，你可以便捷找到纸书、电子书、有声书和各种声音产品；
- 你可以学会怎么读，你将发现集泛读、通读、精读于一体的阅读解决方案；
- 你会与作者、译者、专家、推荐人和阅读教练相遇，他们是优质思想的发源地；
- 你会与优秀的读者和终身学习者为伍，他们对阅读和学习有着持久的热情和源源不绝的内驱力。

CHEERS

本书阅读资料包

给你便捷、高效、全面的阅读体验

本书参考资料

湛庐独家策划

- 参考文献
  为了环保、节约纸张，部分图书的参考文献以电子版方式提供
- 主题书单
  编辑精心推荐的延伸阅读书单，助你开启主题式阅读
- 图片资料
  提供部分图片的高清彩色原版大图，方便保存和分享

相关阅读服务

终身学习者必备

- 电子书
  便捷、高效，方便检索，易于携带，随时更新
- 有声书
  保护视力，随时随地，有温度、有情感地听本书
- 精读班
  2~4周，最懂这本书的人带你读完、读懂、读透这本好书
- 课　程
  课程权威专家给你开书单，带你快速浏览一个领域的知识概貌
- 讲　书
  30分钟，大咖给你讲本书，让你挑书不费劲

湛庐编辑为你独家呈现
助你更好获得书里和书外的思想和智慧，请扫码查收！

（阅读资料包的内容因书而异，最终以湛庐阅读App页面为准）

湛庐阅读App

思想者的声音图书馆

倡导亲自阅读

不逐高效，提倡大家亲自阅读，通过独立思考领悟一本书的妙趣，把思想变为己有。

阅读体验一站满足

不只是提供纸质书、电子书、有声书，更为读者打造了满足泛读、通读、精读需求的全方位阅读服务产品——讲书、课程、精读班等。

以阅读之名汇聪明人之力

第一类是作者，他们是思想的发源地；第二类是译者、专家、推荐人和教练，他们是思想的代言人和诠释者；第三类是读者和学习者，他们对阅读和学习有着持久的热情和源源不绝的内驱力。

CHEERS

以一本书为核心

遇见书里书外，更大的世界

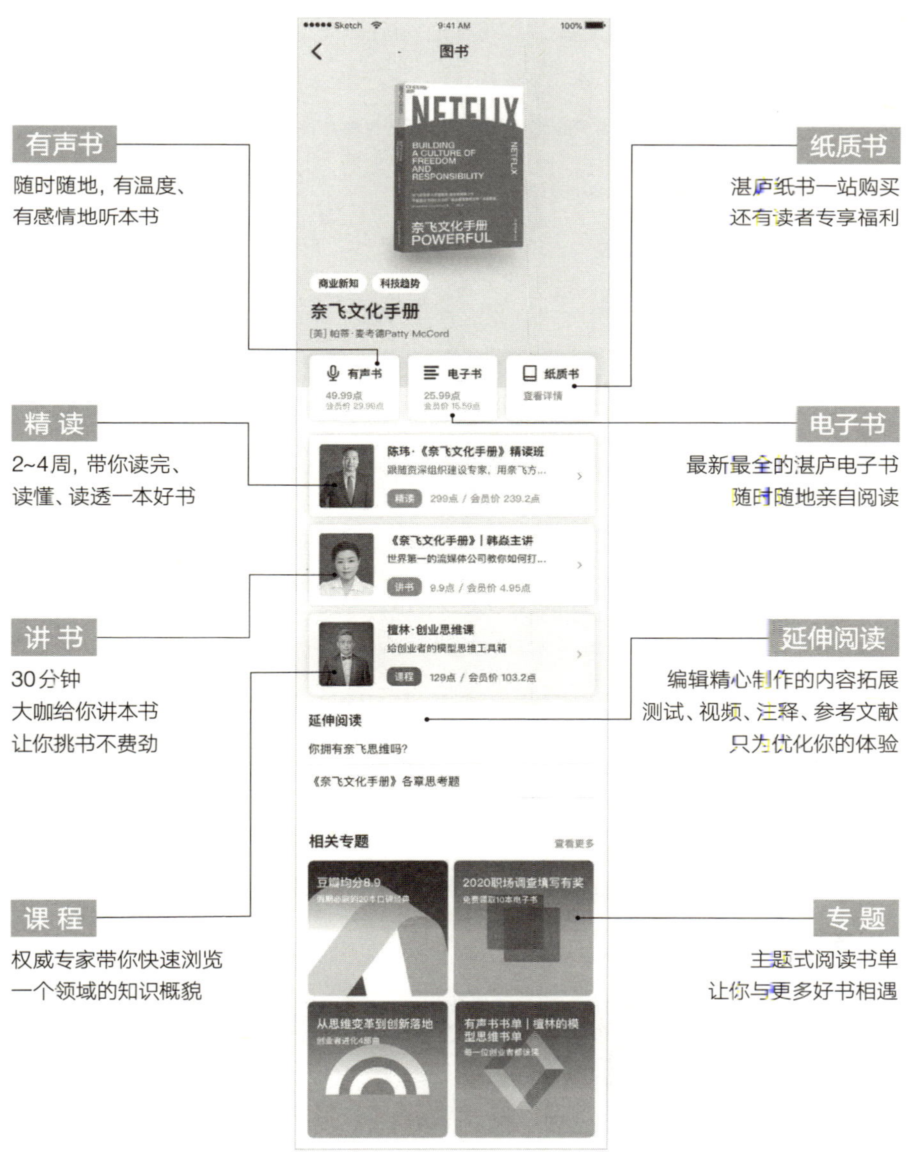

有声书

随时随地，有温度、
有感情地听本书

精读

2~4周，带你读完、
读懂、读透一本好书

讲书

30分钟
大咖给你讲本书
让你挑书不费劲

课程

权威专家带你快速浏览
一个领域的知识概貌

纸质书

湛庐纸书一站购买
还有读者专享福利

电子书

最新最全的湛庐电子书
随时随地亲自阅读

延伸阅读

编辑精心制作的内容拓展
测试、视频、注释、参考文献
只为优化你的体验

专题

主题式阅读书单
让你与更多好书相遇

湛庐文化获奖书目

《爱哭鬼小隼》
国家图书馆“第九届文津奖”十本获奖图书之一
《新京报》2013 年度童书
《中国教育报》2013 年度教师推荐的 10 大童书
新阅读研究所“2013 年度最佳童书”

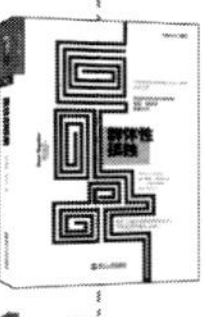

《群体性孤独》
国家图书馆“第十届文津奖”十本获奖图书之一
2014“腾讯网·啖书局”TMT 十大最佳图书

《用心教养》
国家新闻出版广电总局 2014 年度“大众喜爱的 50 种图书”生活与科普类 TOP6

《正能量》
《新智囊》2012 年经管类十大图书，京东 2012 好书榜年度新书

《正义之心》
《第一财经周刊》2014 年度商业图书 TOP10

《神话的力量》
《心理月刊》2011 年度最佳图书奖

《当音乐停止之后》
《中欧商业评论》2014 年度经管好书榜·经济金融类

《富足》
《哈佛商业评论》2015 年最值得读的八本好书
2014“腾讯网·啖书局”TMT 十大最佳图书

《稀缺》
《第一财经周刊》2014 年度商业图书 TOP10
《中欧商业评论》2014 年度经管好书榜·企业管理类

《大爆炸式创新》
《中欧商业评论》2014 年度经管好书榜·企业管理类

《技术的本质》
2014“腾讯网·啖书局”TMT 十大最佳图书

《社交网络改变世界》
新华网、中国出版传媒 2013 年度中国影响力图书

《孵化 Twitter》
2013 年 11 月亚马逊（美国）月度最佳图书
《第一财经周刊》2014 年度商业图书 TOP10

《谁是谷歌想要的人才？》
《出版商务周报》2013 年度风云图书·励志类上榜书籍

《卡普新生儿安抚法》（最快乐的宝宝 1·0~1 岁）
2013 新浪“养育有道”年度论坛养育类图书推荐奖

图书在版编目（CIP）数据

成为领导者（纪念版）/（美）本尼斯著；徐中，姜文波译．—杭州：浙江人民出版社，2016.10（2025.4重印）

ISBN 978-7-213-07626-8

Ⅰ.①成…　Ⅱ.①本…　②徐…　③姜…　Ⅲ.①领导学　Ⅳ.①C933

中国版本图书馆 CIP 数据核字（2016）第 227547 号

上架指导：管理／领导力

成为领导者（纪念版）

［美］沃伦·本尼斯　著

徐中　姜文波　译

出版发行：浙江人民出版社（杭州市环城北路 177 号　邮编　310006）
　　　　　市场部电话：（0571）85061682　85176516

集团网址：浙江出版联合集团　http://www.zjcb.com

责任编辑：朱丽芳

责任校对：姚建国

印　　刷：唐山富达印务有限公司

开　　本：710mm × 965 mm　1/16　　印　　张：19

字　　数：222 千字　　插　　页：3

版　　次：2016 年 10 月第 1 版　　印　　次：2025 年 4 月第 11 次印刷

书　　号：ISBN 978-7-213-07626-8

定　　价：66.90 元

如发现印装质量问题，影响阅读，请与市场部联系调换。